人と組織を活性化させる46の強みの活用術

松岡孝敬

大学教育出版

人と組織を活性化させる46の強みの活用術

目次

第1章
人格の強みの素晴らしい効果

「何事かを成し遂げるのは、強みによってである。弱みによって何かを行うことはできない」。

（ピーター・ドラッカー）

1　誰もが強みを持っている──人格の強みとは何か？

「自分の強みは何か？」と問われると、どのように答えますか。

多くの人は、自分の強みとして、自分の得意分野、長所をお答えになるでしょう。

例えば、「英会話が得意で英検準1級です」とか、「ピアノが弾けます」とか、「事務処理能力が高いのが私の強みです」。逆に、「コミュニケーション能力の低さが私の弱みです」などと自分の特性、保有資格をおっしゃる方が多いと思います。また、自分の強みが何かわからないとおっしゃる方も多くいらっしゃるかもしれません。

本書でいう「強み」とは、得意分野とかトレーニングして獲得した能力、または卓越した技術を指してはいません。それらはもちろん、「強み」には違いありませんが、心理学、特にポジティブ心理学において主な研究テーマとして挙げられている「強み」とは、得意分野としての「強み」ではなく、「**人格の強み**（キャラクターストレングス：character strength）」です。

「人格の強み」（徳性としての強み）とは、人の性格・徳性（キャラクター）として内在するもの、心の中にあるものです。得意分野、長所とする能力、技術を支える人格としての強みと考えてください。それでもわかりにくければ、「ご自身の性格の中の強みとなるもの」とざっくりぼんやり捉えていただければよいと思います。

「人格の強み」とは、本質的で普遍的で安定しているものですが、性格と同じように変えることができます。また、隠された強みを発見し、それを活用することで「強み」を強化することができます。

■VIAサーベイの24の強み

このような「人格の強み」を診断するテストにはいくつかのものがあります。代表的なものは、ポジティブ心理学の創始者であるマーティン・セリグマ

VIA サーベイの6つの美徳と24の強み

知恵	勇気	人間性
・創造性 ・向学心 ・好奇心 ・柔軟性 ・大局観	・真情，誠実さ ・勇敢さ ・忍耐力 ・熱意	・親切心 ・愛情 ・社会的知能

正義	節制	超越性
・公平さ ・リーダーシップ ・チームワーク	・寛容さ，慈悲深さ ・慎み深さ，謙虚さ ・思慮深さ ・自己調整	・審美眼 ・感謝 ・希望 ・ユーモア ・スピリチュアリティ

ン博士とクリストファー・ピーターソン博士が共同で開発したVIAサーベイです。

両博士は、200冊以上の哲学や宗教に関する主要な文献の中から美徳に関する記述を調べ、200万人以上の美徳に関する調査、著名な心理学者とのブレーンストーミングやディスカッションを経て、普遍的だと考えられる「人格の強み」と思われるものを絞り込みました。その結果、6つの美徳に分類された24の強みが「人格の強み」として選ばれました。

■ギャラップ社のストレングスファインダー

VIAサーベイとともに広く普及している強み診断ツールとしては、アメリカ、ギャラップ社の科学者、ドナルド・クリフトンとエドワード・チップ・アンダーソンが考案したストレングスファインダーがあります。

クリフトンとアンダーソンは、世界中の何千人もの一流の人物に聞き取り調査を行った結果、ビジネスで最もよく活用される34種類

ストレングスファインダーの34の強み

アレンジ	運命思考	回復志向	学習欲	活発性	共感性
競争性	規律性	原点思考	公平性	個別化	コミュニケーション
最上志向	自我	自己確信	社交性	収集心	指令性
慎重さ	信念	親密性	成長促進	責任感	戦略性
達成欲	着想	調和性	適応性	内省	分析思考
包含	ポジティブ	未来志向	目標志向		

の強みを抽出しました。

ストレングスファインダーの34の強みは、ＶＩＡサーベイの24の強みにみられる人格としての普遍性に比べ、ビジネス向けのものが多いように感じます。元となるデータを抽出した基準がビジネスで活用されたものだけにそうなるのでしょう。

■強みの数はどれだけあるか？

ＶＩＡサーベイの強みの数は24、ストレングスファインダーの強みは34あります。これらの他にＣＡＰＰ社の開発した「リアライズ２」と呼ばれる強み診断ツールがあり、それは60の強みが示されています。

一体、「人格の強み」っていくつかあるのだろうと思われるかもしれませんが、心理学者によっては、２００以上あると主張している方もいます。おそらく、はっきりとした数はわからないでしょう。これは性格の強みであるので、私は、数に限りなく「人格の強み」というものはあると思っています。人の性格が、人によって異なるように、「人格の強み」というものも人の数ほどあるのではないかと推測しています。

本書では、ＶＩＡサーベイの24の強みや、レジリエンス（心の回復力）トレーニングで活用される強みなどを参考にしながら、私が、多くの企業で研修を実施した経験をもとに職場で活用しやすい強みを46選び、下表のように分類しました。

分類の基準は、私が企業研修で受講された方々が実際に仕事で活用した経験をもとに分類しました。ビジネスでの活用場面を基準に分類しましたので、強みのビジネスにおいての活用方法をつくるヒントになるかと思います。もちろん、この分類はあくまで実例をもとに最も多く活用した場面、経験をもとにしていますので、この通りに仕事で活用しなければならないというような柔軟性のないものではありません。分類基準にこだわ

本書で紹介する46の強み

分類	強みの種類
1．人間性を高める強み	①愛　②感謝　③親切心　④寛容　⑤誠実さ　⑥笑い笑わせること
2．良好な人間関係に役立つ強み	⑦謙虚　⑧会話力・雑談力　⑨バランス感・調和性　⑩傾聴力　⑪承認欲　⑫共感性　⑬社交性
3．目標達成に役立つ強み	⑭勇気　⑮計画性　⑯知識　⑰忍耐　⑱改善性　⑲勤勉性　⑳向学心
4．モチベーションを高めるのに役立つ強み	㉑競争心　㉒熱意　㉓行動欲　㉔社会的知能　㉕楽観性　㉖希望
5．商品やサービス、企画をつくるのに役立つ強み	㉗好奇心　㉘審美眼　㉙創造性　㉚柔軟性　㉛ひらめき性・セレンディピティ
6．組織を成長・成功するのに役立つ強み	㉜組織活動性　㉝戦略性　㉞批判思考　㉟緻密さ　㊱解決思考
7．卓越したリーダーに必要な強み	㊲統率性　㊳責任感　㊴巻き込み力　㊵公平性　㊶慧眼
8．逆境・試練にあったときに役立つ強み	㊷レジリエンス　㊸大局観　㊹自制心　㊺思慮深さ　㊻社会的つながり

らず、個人個人でビジネスのさまざまな局面で活用する強みは自由自在でよろしいかと思います。また、本書で紹介する46の強みは、ビジネスだけでなく、日常生活でも活用できるものであることも補足しておきます。

2　強みを発見し、活用すればどのような効果があるのか？

誰しもが人格として持つ複数の強み。これらを発見し、活用すれば、どのような効果があるのでしょうか。

■強みの効果

最初に「人格の強み」を発見したセリグマン博士とピーターソン博士の研究によれば、自分の強みを発見し、それに従えば、次のような効果があることが明らかになりました。

①人生の洞察力や展望が開かれる。
②ストレスを感じにくくなる。
③楽観性やレジリエンス（心の回復力）が養われる。
④自信や自尊心が生まれる。

⑤生命力やエネルギーが高まる。
⑥目標が達成しやすくなる。
⑦仕事への集中力が高まり、能力が発揮しやすくなる。

素晴らしく生産性が高まり、人生が楽しくなる、良いことずくめの効果ばかりですが、これには科学的心理学的に裏付けとなる証拠があります。

■強みの効果の証明

２００５年に発表されたセリグマン博士らの論文によれば、自分の人格の強みを理解した人はそうでない人に比べ、１か月間幸福度が上昇し、抑うつ傾向が１か月間減少したとの報告がありました。

自分の強みを理解しただけで1か月間効果が現れることが科学的データによって証明されていますが、さらにその強みを仕事や日常生活で活用すると効果が増すことがわかっています。先ほど引用したセリグマン博士の論文には、強みを活用したときの効果もデータで示されています。そのデータによれば、強みを意識して活用すると、６か月の長期にわたり、幸福度が上昇し続け、かつ抑うつ傾向は6か月間減少したままになっていました。

これらのデータから、自分自身の特徴的な「人格の強み」を理解し、それを活用することは、仕事や人生において、とても効果が高いことがわかるかと思います。自分自身の特徴的な強みは、「本来の自分」を表現するもので、使うと高揚感が湧きます。また、自分の特徴的な強みを活用すると物事は上達が早くなり、もっと活用したいと望むようになります。すると、その強みを活用するときはエネルギーが湧き、内発的モチベーションが高まるのです。その結果、仕事の生産性が上がり、業績が高まります。

３　強みを活用して劇的に変わった事例

組織内で社員の人格の強みを発見し、組織内で活用すると、どのような良い変化が生まれるでしょうか。２つの事例を紹介しましょう。

■強みベースのコーチング ― スタンダードチャータード銀行

スタンダードチャータード銀行は、ロンドンに本社を置き、アジア・中東を中心とした世界70か国に事業ネットワークを築く銀行金融グループです。イギリスの元首相、ジョン・メージャー氏が在籍していたことで知られています。

この銀行では、22か国の事業所に、社員の強みを育成するストレングスコーチを置いています。ストレングスコーチは、個人と組織のパフォーマンスを高めるため、社員の強みを見いだし、活用するサポートをすることで人材育成を行っています。

ストレングスコーチを導入後、スタンダードチャータード銀行では、71％の社員の貢献意欲が上がりました。また、社員のパフォーマンスは約30％上がり、離職率は50％低下しました。さらに44％の社員が顧客満足度を高める結果となりました。

■人を輝かせる強みベースの社員育成 ― 株式会社湯佐和

株式会社湯佐和は、神奈川県下に14店舗を展開する地域密着型の居酒屋チェーン会社です。現在の社長は湯澤剛氏で、先代社長のお父様が18年前に急逝され、家業を継承されました。

まったく家業を継ぐつもりもなく、それまでは大手ビール会社の海外事業部に勤務していた湯澤氏ですが、事業継承したとたん、負債40億円を抱えた倒産寸前の実態に直面します。

何度も挫折し、想像を絶する逆境にさらされ、心が折れそうになりながらも、自身の強みを活用し、周囲のサポートもあって、株式会社湯佐和は、V字回復し、負債40億円は完済し、地域密着型の居酒屋チェーンとして地域の人々に愛され、繁栄し続けています。

自身が自分本来の特徴的な強みを見いだし、それを活用して逆境を克服した経験もあり、湯澤氏は、社員全員にギャラップ社のストレングスファインダーを受けさせ、社員自身に自分の強みを理解させ、一人ひとりの強みを生かすような仕事を振り分けているそうです。そして湯澤社長は、社員全員の強みを把握し、社員に会ったとき、ときおりその強みを指摘して励まされるそうです。その結果、いまでも株式会社湯佐和の経営する居酒屋は繁盛し続けています。

「人格の強み」を理解し、活用すれば、自信や自尊心が向上するだけでなく、パフォーマンスが如実に上がり、組織は繁栄し続ける、素晴らしい効果の事例を２つ紹介しました。

次章では、私が企業研修で取り上げている代表的な46の「人格の強み」について、その特徴と見いだし方、活用の仕方を解説します。

第2章

人格の強みを知ろう！

1　人間性を高める強み

私たちは、「人間性の高さ」とか、「あの人は人間性が高いね」とか、日常普通に「人間性」という表現をよく使います。では、「人間性」とは何でしょうか。

「人間性」の本来の意味は、「人間らしさ」となります。「人間らしさ」の意味を理解するには、その逆の「動物らしさ」を探ってみるとわかります。

「動物らしい」とは、動物のように本能のおもむくままに行動するさまを指します。となると、その逆の「人間らしい」とは、本能のおもむくままに行動せず、本能から生じる情緒、感情をコントロールする振る舞いと言えます。したがって、「人間性」とは、理性を持って本能行動や感情を上手くコントロールすることができる性質と言えるのでしょう。

私たちが普段、漠然と「人間性の高い」と表現している人とは、「人間として尊敬できる人、敬愛できる人」として使っている場合が多いようです。「人間性の高い人」とは、理性を持って本能行動と感情をコントロールすることができ、自己中心的にならず、利他的な行動（他者のために尽くす行動）ができる人と解釈することができます。

「人間性の高い人」は、自ら幸福感を持って人生を過ごしているだけでなく、周りの人たちを幸福にすることができます。「人間性の高い人」は、自分だけでなく他者に敬意を払い、他者を心地よくすることを常に考えています。また、自分の持っている資質・強みを使って他者に貢献する振る舞いを常に心がけ、行動しています。そのような「人間性の高い人」に対して、周囲の人々は、敬意と好意を持って接します。良好で強い信頼感を持つことができるはずです。「人間性の高い人」は、周囲の人々の人間性を高める良い影響を及ぼすことができます。

このような「人間性の高い人」が率いる企業・組織、あるいは「人間性の高い人」が多く存在する企業・組織は、とても生産性が高く、持続的に成長・繁栄することができる可能性が高いでしょう。事実、長期にわたって繁栄し続けている企業には、「人間性の高い」稀有な経営者・リーダーによって率いられている場合が多いように感じます。

人間性を高めるためには、どのような「人格の強み」を活用できるでしょうか。46の強みのうち、どのような強みを活用しても、人間性を高めることに役立つと思います。私は、その中でも特に、①愛　②感謝　③親切心　④寛容　⑤誠実さ　⑥笑い笑わせることを上手く活用すると、人間性を高めることができると考えています。

⑴ 愛（愛し愛される力）

「愛」という強みは、私たちにとって、とても普遍的で本質的な強みです。なぜなら、私たちは、日々、当たり前のように「愛」という強みを使っているからです。一日の始まりの朝に自分を鼓舞することは、自分のことを愛していなければできないことですし、朝日を見て清々しい気持ちになれば、自然に対して敬愛を示していることになります。また、配偶者のつくった朝ご飯を、心から美味しいと思っていただくことは、配偶者を愛していることになりますし、配偶者からの愛を受け入れていることにもなります。出勤前に、自分の子供の笑顔を見て幸福感に浸ったり、飼っているペットと触れ合ったりすることも愛を活用している日常行動と言えます。

このように、私たちは普段当たり前のように「愛」という強みを使っています。自然に活用しているので、自覚していないだけなのかもしれません。意識的に自覚して、かつ、自然に活用しなければ、強みの効果は高くならないと思います。

私たち人間は、「愛」という強みを使わなければ、配偶者・パートナーとお付き合いすることができず、配偶者とともに子供をつくり、育てることができません。また、周囲と良好な対人関係をつくることもできません。そのような意味では、「愛」は、２番目に紹介する「感謝」とともに、「人格の強み」の中でも、特に大事で、本質的で、他の強みをも育む、まさに「強みの中の強み」と言えると私は考えています。

■愛の定義

「愛」とは、人間にとって普遍的な人格であり、感情でもあるので、古来から現在に至るまで、哲学者や心理学者が「愛」について研究し、論じています。

ドイツの心理学者、アルフレッド・アドラーは、「愛」について、「他人から愛されること」よりも、「他人を愛すること」の重要性を説き、能動的に他者を愛することこそが「愛」だと説いています。そして、「他人を愛すること」とは、「他者を信頼し、他者に貢献すること」だと主張しています。

同じドイツの心理学者、エーリッヒ・フロムも、著書『愛するということ』で愛について論じています。フロムは、愛にとって重要なことは、「愛されること」よりも「愛すること」であると説いています。

フロムは、「愛は、人間が我を忘れずに主体性と自律性を保ちつつ、他者と合一し、孤独ではない状態を生み出すのに必要」と言っています。その愛とは、他者を愛しながら同時に自分を愛する能力と言っています。人間は、自分を肯定し、愛することができなければ他者を愛することができないと主張しています。

アドラーとフロム、それぞれ「愛」について語っていますが、主張には、かなり似たところもあります。私なりに「愛」という「人格の強み」についてまとめますと、**「自分をありのままに肯定しつつ他者のありのままを受け入れること。他者が幸福であることを願い、自分の能力を発揮して他者に貢献すること」**であると考えます。

フロムは、「人は他者から愛されることを欲し、愛されないと不安感を覚えるが、実は、人を愛することを怖れている」と言っています。アドラーも同様のことを著書で書いていたかと覚えていますが、「人から愛されること」よりは、「人を愛すること」の方が難しいようです。そこから、「愛」という強みの活用の仕方のヒントが浮かび上がります。

■「愛」という強みの職場での活用法

「愛」という強みを仕事で活用することは、とても簡単ですし、多くの方がすでに日頃から活用していると思います。ただし、誤った活用法ですと、「人間性を高める」といった結果に限らず良い成果は得られません。

「愛」の正しい活用法、適切な活用法には、次のような方法が挙げられます。

①　自分を愛する。肯定する

「愛」の定義では、まず、「自分をありのままに肯定する」ことが挙げられます。これは、自分の長所、強み、価値観、信念だけでなく、短所、欠点、過去の失敗経験、後悔しているような体験、それらをすべてありのままに受け入れ、肯定的に考えるということです。

自分を愛せない人、自分の幸福を願えない人は、他者を愛することはできないし、他者を幸福にすることもできません。これは、ビジネスの場面に置き換えれば、自分を愛せない人、自分の強みや能力に自信がなく否定的な人は、お客様を愛せない、お客様を幸福にさせるような価値を与えることができないということになります。お客様に限らず、一緒に仕事をする職場の仲間をも幸福にすることができず、結果、仲間からの愛を受けられなくなります。

「愛」という強みを職場で活用するには、まず、仕事をする自分を愛すること、肯定することから始めてください。

②　仲間に敬意を払い、肯定的に受け止める

職場では、とても気の合う友人・同僚・同期の仲間がいる一方で、まったく気の合わない同僚、仲間、会うとストレスがたまる上司や先輩がいるかもしれません。

気の合う職場の友人や仲間に対しては、好意を持ち、敬意を払うことは抵抗なく自然にできると思います。しかし、気の合わない仲間、苦手な仲間、嫌いな仲間に対しては、敬意を払い、

肯定的には受け入れがたいと思います。私もかつてサラリーマン時代には、嫌いな職場の上司、先輩に対しては、まったく敬意を払うことができませんでした。ただし、その当時はあまり理解できなかったのですが、振り返って考えると、苦手な人、嫌いな人に敬意を払わず、嫌悪感を持ち続け、それを表に出すと、必ずそれが自分に跳ね返り、その人たちから敬意を払われず、嫌われます。そのような職場が生産性を上げられるわけはないですよね。

気の合わない人、どうしても好きになれない人、嫌いな人、苦手な人を無理して好きになる必要はありません。ただ、好きにならなくても、そのような人の言動には、あなたにとっては嫌悪でしかないものに捉えるものでも、その人にとっては肯定的な意図があります。また、否定的にしか見られない人の言動にも、肯定的な側面、良い側面が必ずあります。職場で苦手な人、嫌いな人に接しても、積極的に嫌悪感のようなネガティブ感情を発することなく、また、不自然に好意を起こすことなく中立的な気持ちで接し、そのような人の肯定的な意図、良い側面を見つけ、敬意を払うようにしてください。それが、「愛」という強みを活用したことになります。

③ 仲間への敬意の気持ちを言葉で表す

職場の仲間に敬意を感じたら、そのときに素直に仲間へ敬意の気持ちを伝えてみてください。「今の発言はとても素晴らしいです」とか、「あなたの仕事への真摯な姿勢は尊敬できます。好感が持てます」とか。

職場の仲間の良い面、評価できる面に対して素直に敬意を表すことも「愛」という強みを活用することになります。敬意を受けた仲間は、必ずあなたに対しても敬意を返してきます。敬意の「返報性」が働くのです。それを日常的に職場で繰り返すと、職場の人間関係は良好になり、その職場全体の幸福度は上がり、生産性も向上するはずです。

④ 仲間からの敬意を素直に感謝して受け止める

フロムが指摘しているように、「愛」の定義には、「愛すること」のほかに「愛されること」も含まれます。他者を愛したり、敬意を表したりすることとは別に、人から愛されたり、尊敬されたりすることも「愛」という強みを活用していることになります。

私たち日本人には特に見受けられる傾向ですが、他者から面と向かってほめられたり評価されたりすると、照れ臭くなり素直に受け止められない人が多いように思います。「僕はほめられれば伸びるタイプなんです」と言っていたかつての私の部下の若手社員も、たまに敬意を表したり、評価したりすると、とても驚いて、緊張させた思い出があります（ほめれば伸びるんじゃなかったの？と怪訝な気持ちになった記憶があります）。

職場の仲間からどんなことでも敬意を示されたら、好感を持たれたら、素直に「ありがとう」と感謝の意を表してください。「愛される」という強みを素直に活用してみてください。これは、「愛」という強みに加えて「感謝」という強みも活用していることになります。

■「愛」という強みの間違った使い方

職場で「愛」を活用するときは、正しく適度に活用してください。

「愛」を職場で使いすぎると、仲間の弱点に目をつぶり、改善を促さないといった弊害を起こします。過保護な親が子供を溺愛すると、子供が道を踏み外すような過剰な愛の弊害を防ぐため、「愛」を適正に活用するよう心掛けてください。

また、自分に対する愛、自己愛の活用にも注意が必要です。自己愛は、自分の良いところも悪いところも含めてありのままの自己を他者・周囲の中の一員としての自分を愛するようにしてください。虚像の自分や自分の偏った部分しか愛さなかったり、自己中心的な愛し方をしたりすると、「愛」の強みの健全な効果がなくなるばかりか、やがて自分も愛せなくなり、他者をも愛せず他者から愛されなくなる可能性が高くなります。

⑵ 感謝

「感謝」という人格の強みは、「愛」と同じように普遍的な、日常生活でなじみ深い強みです。誰しも、1日のうちで、「ありがとう」と感謝の気持ちを抱いたり、あるいは、感謝の言葉をかけたりかけられたりする機会はあると思います。

他者からほめられたり、贈り物をいただいたり、あるいは、助けや恩恵を受けたりすると、自然に「ありがとう」という言葉が出てくるでしょう。そのとき、「感謝」という強みを活用していることになります。

他者の言動に対してだけでなく、他者の存在、あるいは、自然現象、神様のような大いなる存在に対しても感謝の気持ちを抱くことがあると思います。私たちは、両親がいなければ、この世に生を受けていません。そう考えると、両親に対して深い感謝の気持ちが現れてきます。また、子供のいる人は、子供は何よりも大切なもので、子の成長を見守ることが幸福と感じている方が多いと思います。そのような方々は、子供に対しても「生まれてきてくれてありがとう」と感謝の気持ちを抱くはずです。

私たちは、地球生態系の一構成員として、周囲の自然環境、地球、さらには宇宙から多大な恩恵を受けています。そもそも生命が存在しうる条件が整った地球という惑星が誕生しなければ、私たち人類は存在しないのです。太陽が存在しなければ植物は光合成を行えず、私たちの栄養源、エネルギー源となる有機物は生じないのです。そのように捉えると、宇宙、地球、自然環境に感謝せずにはいられません。

このように、他者の言動、存在する他者、自然、地球、宇宙に対して感謝の気持ちを抱くとき、「感謝」という強みを活用していることになります。とても日常的に活用していることがわかりますよね。そして、心の底から「感謝」の気持ちを他者に表すことができる人は、「人間性の高い人」と言えると思います。

■感謝の効果

「感謝」は、心理学の研究対象によく取り上げられます。

アルフレッド・アドラーは、子供の教育に対して、「ほめる」ことよりも、「感謝する」ことを薦めています。結果に対してほめると、承認欲求が高まり、ほめられる行為のみを行うことになりますが、自分の貢献に対して「ありがとう。助かったよ」と感謝の言葉をかけると、自信（自己効力感）が高まり、他者に貢献する喜びが育まれ、自己中心性から脱却して他者と良好な人間関係を築く社会性、人間性が養われると説いています。

ポジティブ心理学の第一人者でノースウェスタン大学のバーバラ・フレデリクソン博士は、「感謝」について、「自我を調節した感情。人を自己満足から引き出してくれるポジティブ感情のひとつ」と捉えています。

ポジティブ心理学の研究では、「感謝」は、他のポジティブ感情を高め、ネガティブ感情を中和させ、幸福度やモチベーションを高め、身体の健康が増進するといった結果が出ています。

■「感謝」の職場での活用法

「ありがとう」という「感謝」の言葉は、職場を活性化する上で、とても効果的です。普段、職場でなくても「ありがとう」という感謝の言葉は、よく使われていると思います。ただ、職場の仲間から助けを受けても、素直に「ありがとう」と言えない方もいらっしゃいます。部下から助けてもらった上司が、なかなか素直に部下に対して「ありがとう」と言えない状況も見受けられます。なかには、「こんなことあの人がするのは当たり前で感謝する必要はない」と思われている方もいらっしゃるかもしれません。

普段から感謝の言葉をよく使う人も、素直に「ありがとう」と言えない人も、次のような方法であれば、「感謝」を効果的に活用することができます。

① その日のうちにありがたいと思った３つのことを毎日書き残す

ポジティブ心理学をベースにした行動変容を促す介入法として、「３つの良いこと（Three good things）という手法があります。このワークは、多くのポジティブ心理学者が高い実証性を論文で発表しています（シェルドン＆リュボミアスキー２００４年、セリグマン２００５年）。セリグマンの研究によれば、「３つの良いこと」を続けて行った人は、６か月の長期にわたり幸福度が増え続け、抑うつ傾向が減少したとの結果が出ています。

「３つの良いこと」の方法は、とても簡単です。毎晩寝る前に、その日に起こった良いこと、ありがたいなあと感謝すべきことを3つ考え、それを書き留めるのです。そして、その中で、自分が果たした役割を考えます。それだけでよいのです。

②①で書き残した3つの良いことを職場の当事者に伝える

素直に他者に対して「ありがとう」と言えない頑固な人でも、一度、「感謝」の気持ちを書き起こすと、それを言葉に出すのは、さほど苦にならず、抵抗なく「ありがとう」と言えるかもしれません。

いったん「感謝」の言葉を書き起こしたら、次のステップとして、助けてもらった職場の仲間、恩恵を受けた仲間に「ありがとう」と素直に感謝の気持ちを伝えてみてください。感謝を伝えられた仲間は、必ず、あなたにも感謝の気持ちを持つはずです。そうなれば、あなたの人間性は高まり、職場内の信頼関係は深まり、雰囲気の良い組織が生まれます。

③職場で不平不満を感じたら、それは成長する機会を得られたとして捉え、対象者、対象事物に感謝する

職場の仲間の言動が原因となって不平不満を感じたとき、その仲間に対して感謝の気持ちなど起こりようがないと思うでしょう。

不平不満が起こったということは、その状況に対して、よりよく改善する方法や機会があるのにそれが仲間の言動によって果たされないと捉えているかもしれません。そのような場合がおそらく多いと思います。

そのとき発生した不平不満は、状況を改善できないという否定的な感情ですが、捉えようによっては、改善する方法や機会を再確認できた、あるいは、職場の仲間によって別の方法を考える機会をもらったと肯定的に捉えることもできます。

不平不満に対する捉え方を肯定的な捉え方に変えることができれば、そのきっかけをつくってくれた職場の仲間に感謝してみましょう。そのような捉え方の変換によって起こる「感謝」の気持ちも、「感謝」という強みの正しい活用法になります。

■「感謝」の誤った使い方

感謝の気持ちは、心の底からそう思うときに表さなければ効果はなくなります。あまりにも軽々しく感謝の言葉を乱発すると、お世辞やおべんちゃら、表面をつくろうご機嫌取りのような印象を持たれる場合もあります。そうなると、信頼関係は築けません。

さらに、感謝の気持ちが受け止める相手にとって、あまりにも深く大きい場合は、それが「負い目」となり、「感謝のお返しをしなければ」というプレッシャーを感じさせてしまうこともあります。そのような使い方は、感謝の適切な活用とは言えないでしょう。

(3) 親切心

身近で困った人をみかけると、率先してできる限りの手助けをする人。とても憂鬱で不安を抱えている人がいると、幸せな気分になったり気楽にさせたりする行為や言葉をかける人。そのような人には、「親切心」という強みが備わっています。

■「親切心」の意味

日本語での「親切」の意味を辞書で調べると、「思いやりが深く、ねんごろなこと。好意をもって人のためにあれこれと計ってやること」とあります。また、語源から意味をひもとくと、「身近に寄り添い、行き届くようにすること」とあります。

他者のために思いやりをもって尽くす気持ち、心が「親切心」になるでしょう。

英語で「親切」は、「kindness」ですが、「親切心」の活用の効果を表す言葉に、「pay forward, Pay it forward」があります。この意味は、「ある人物から受けた親切を、また別の人物への新しい親切でつないでいくこと」になります。映画『ペイ・フォワード 可能の王国』を見られた方は、おわかりになるだろうと思います。

■親切をつなぐ効果

アメリカ、カリフォルニア大学心理学教授のソニア・リュボミアスキー博士は、著書『幸せがずっと続く12の行動習慣』の中で、幸福が継続する12の行動習慣の１つに「親切にする」を挙げています。博士は、多くの研究結果から、「人は定期的に親切な行動をとれば、長い間、幸せでいられる」と唱えています。

なぜ、人は、親切にすると長期間幸せが続くのでしょうか。

人は、親切な行動をとると、自分を利他的で思いやりのある人間とみなすようになります。そうなると、自信や楽観的な考え方、自分は役に立つという自己肯定感が高まってきます。また、人を助けることで、「感謝されたい」「価値ある友情を築きたい」といった基本的な欲求が満たされることになります。

リュボミアスキー博士は、「親切は連鎖する」、pay it forward 現象にも言及しています。調査結果から、「１つの親切な行為がいくつもの親切な行動を引き起こす」と説いています。

このように、人が「親切心」を活用することは、自分と周囲に肯定的な良い影響を与え、自分の「人間性」が高まり、周囲との良好な人間関係を築くことにつながるのです。

■「親切心」の職場での活用法

リュボミアスキー博士は、親切な行為を行うときは、タイミングと変化が大事と著書で書いています。どのような親切行動を、どのような頻度で、どの程度行うかがとても大事なようです。

親切な行動は、自分も他者も幸福感を高め、良い影響を与えるものですが、行い方を誤ると悪い影響を及ぼすものでもあります。

職場で「親切心」を活用するときは、次のような方法を試みてください。

① 他者が明らかに困り果てているときに活用する

ふだんから社内の同じ部署や組織のメンバーの仕事ぶりに注意を払わなければできないことですが、明らかに社内の仲間が困り果てた表情、動作、しぐさをしているときに「親切心」を活用し、親切行動を行ってください。

その際、まずは行動を起こす前に、困っている仲間に、「今、何か困っている？　何か私に手伝うことがありますか？」と一言声をかけて行ってください。そして、「ありがとう。では〇〇〇をお願いしたいのだけど…」と具体的に明確に助けを求められたら、その要望に沿うように親切行動を起こしてください。

②　他者から明確に「助けてほしい」と請われたときに活用する

職場の仲間からはっきりと「助けてほしい」と要請を受ければ、「親切心」を活用し、自分のできる範囲で行動を起こしてください。ただし、自分の本来の業務を犠牲にした行動になると判断した場合は、状況に応じて手助けする行為の程度を調整してください。

③　決して見返りを求めない

職場に限らず日常生活においても、「親切心」を活用するときは、決して見返りを求めないでください。具体的に相手に見返りを求めることはもちろんのこと、見返りを期待することも避けてください。

見返り・お返しを期待する親切行動は、他者の身近に寄り添い、行き届くようにするといった利他的な行動に反します。見返りを期待した親切行動は、他人のための行動ではなく自分のための行動、利己的な行動となります。そうなると、親切行動の良い影響は薄まってきます。

見返りを期待しなくても、親切な行為を行えば、相手はいつか必ずあなたが困っているとき、助けを求めたとき、喜んで親切行動を返すはずです。その人が行わなくても、あなたの善行を見ていた周囲の誰かが、あなたに手を差し伸べるに違いありません。

■「親切心」の誤った使い方

「親切心」の適切な活用法の真逆な方法が、誤った使い方になることはおわかりいただけると思います。

第1に、他者が困っていないときに親切な行動を起こさないでください。

親切が大好きな人は、他者に常に親切を施すと満足なのでしょうが、他者にとっては困ってもいないのに、助けられれば迷惑だし、自分で仕事を管理し執行する権利をも奪われ、不愉快で不幸な感情が芽ばえます。「親切心」の過剰な活用が他者に悪影響を及ぼす、おせっかいの典型例ですね。

第2に、自己犠牲を払う親切行動はしないでください。

個人心理学者のアドラーは、自分の能力・資質を使って他者貢献することが幸福だと定義しています。ただし、他者貢献は、自己犠牲を払ってはいけないと説いています。

自分を犠牲にしてまでの親切行動は、他者を幸福にするかもしれませんが、自分の幸福を損ないかねません。自分の幸福が損なってしまう親切行動は、時間が経つと後悔といったネガティブ感情を生み、今後の利他的行動を行うモチベーションを奪うことになります。

他者に「親切心」を起こす前に、自分にも「親切心」を起こしてみてください。

第3に、見返りは決して求めないでください前にも書いた通り、見返りを求める親切行動は、もはや他人のために行う親切行動ではありません。ひとたび利己的な行動と他者に捉えられれば、他者はあなたのことを「他人が困っているときにも自分の利益しか考えない人」とみなしてしまいます。そうなると、良好な人間関係は築けませんよね。利害だけで結ばれた人間関係になります。

(4) 寛容

他者から何か被害を被ったとき、例えば、自分に落ち度がないのに交通事故にあったり、犯罪に巻き込まれたりしたとき、害をもたらした他者を憎むことなく、恨むことなく、冷静に接することができれば、あなたには「**寛容**」という人格の強みがあることになります。

事故や犯罪といった重い出来事にあわなくても、日常の些細なイラっとくる出来事、例えば、何かの行列に並んでいて誰かに割り込まれたり、宴席で隣の人に飲み物を服にこぼされたりといったような迷惑行為を受けたとき、怒りを覚えてもすぐにそれを収めて他者と接することができる人は、**寛容**な人だと言えるでしょう。

■寛容の定義と効果

辞書を調べると、寛容には、「心が寛大で、よく人を受けいれること。過失をとがめだてせず、人を許すこと」という意味があります。他者の過失、自分が受けた被害を大にして責め立てず、許すという行為が、寛大な行為、寛大な処置ということになるのでしょう。

「親切心」のところで引用したリュボミアスキー博士の「幸せがずっと続く12の行動習慣」には、「人を許す」という行動習慣も含まれています。

「人を許す」「寛容になる」といった行為は、聖人君子のように、犯罪者に恩赦を与えたり、自分に危害や迷惑行為を働いた他者を放免したり、無条件に和解したりすることではありません。許しや寛容は、害を与えた他者に対する行為ではなく、自分のために行う行為なのです。

自分に危害や迷惑を与えた他者に対して、「この人と二度と会いたくない。近づきたくない」といった感情や、「同じような被害に遭わせてやる」といった復讐の感情、憎悪、敵意といったネガティブ感情が生まれてきます。これは自然なことで無理に抑え込むことはないでしょう。

しかし、他者を嫌悪し忌避する行動、復讐心、憎悪、敵意といったネガティブ感情を心の中にずっととどめておくと、人生は決して良い方向には向かいません。他者を避け続ければ自分の殻に閉じこもり、良好な人間関係を築くうえで妨げになったり、復讐心は、他者に危害を加える新たな犯罪行為を発生させたりすることにつながります。復讐心、敵意、憎悪は、周囲にポジティブで健全な状況を生み出さないでしょう。

「寛容になる」「人を許す」といった行為は、復讐や回避、敵意、憎悪といったネガティブ感情を抑え、和らげ、さらにはその感情を善意ある態度や行動に変えることができます。そのようなポジティブな効果が期待されるので、「寛容」を活用すると、「人間性が高まる」ことにつながるのです。

■「寛容」の職場での活用法

「寛容になる」「人を許す」という行動は、実行しにくいと思います。人間だれしも害や迷惑を与えた人を簡単には許すことはできないでしょう。ただ、「人を許す」という行動は、人間性を高め、自分と周囲にとても良い影響を及ぼすことは理解できたのではないかと思います。

実行しにくい「寛容」の活用ですが、次のような方法で、職場で活用してみてください。

① 職場の仲間の失敗、迷惑行為を受容する

職場の仲間の失敗で自分に害が被った場合、あるいは迷惑行為を受けた場合、にわかに許しがたいと思われるでしょう。特に自分の部下がしでかした失敗について、組織やチームの業績に著しく損害を与えたとなれば、憤慨はひとしおだと思います。

そのような場合でも、あえて仲間の失敗を受け入れ、一緒に失敗を克服するように働きかけ

てください。

失敗しようとして失敗をする人はいないでしょうし、ビジネスをする上でチャレンジすれば失敗はつきものです。仲間がチャレンジして失敗したのであれば、その失敗を責めたり、それによって自分が被る害に憤ったりせず、チャレンジを称えてください。失敗によるマイナスは、チーム全員で挽回すればよいのです。

チャレンジではない失敗は、人間でしたら誰しも起こりうるものとして受け止め、過度に責めたてず、次に同じ失敗を繰り返さないように一緒に方法を考えることが「寛容」な態度と言えるでしょう。

そして、自分の失敗によって職場の仲間に損害や迷惑をかけた仲間は、罪悪感に苛まれ、謝罪をするはずです。そのときは、謝罪を受け止め、怒りや憎悪、嫌悪を引きずらないようにしてください。それが「寛容」を活用することになります。

② 迷惑行為を受けたら、加害者に伝え、すぐに「でも許す」と伝える

加害者側が意図しない行為であなたが迷惑を被ったとき、さらに加害者がそれに気づかないとき、攻撃的な態度で怒るのではなく、何も言わずにやり過ごすのではなく、毅然とした態度で、相手へも敬意を示しながら、迷惑を被って不快に思うことを相手に伝えてください。

そして、相手が自分の迷惑行為に気づき、謝罪をしたら、素直にそれを受け入れ、許してく

ださい。また、後の処置に困らない迷惑行為であれば、相手が謝罪をしなくても、すぐに許すことを伝えてください。そのような寛容な態度は、あなたの人間性をひときわ高めます。

③ 自分が加害者になった場合、即座に謝罪する

自分が仲間に迷惑や損害を与えたとき、即座に仲間に対して謝罪をしてください。そして、そこから発生する罪悪感、自己嫌悪感といったネガティブ感情から自分を解放しましょう。自分を思いやってください。

④ 自分の中の敵意、罪悪感から解放する

他者にも自分と同じ被害、苦しみを味合わせるといった復讐心は、決して美しいものではないでしょう。ましてや職場の仲間に敵愾心、復讐心を持つことは、それだけで罪悪感を感じると思います。

敵愾心や復讐心といった感情は、怒りから発する二次的な感情です。他者から受けた損害・迷惑行為は、自分の「権利を侵害された」「明るい将来を台無しにされた」という捉え方から怒りが生まれ、「加害者も同じように権利を侵害されるべきだ」といった捉え方が敵愾心、復讐心を起こします。その捉え方を「加害者が幸福になれば、二度と損害や迷惑行為を起こさないだろう」といった捉え方や、「権利を侵害された自分は、自分の能力を発揮して挽回する機会を与えられた」とポジティブな側面を捉えるようにしてみてください。

そして、他者への敵意、憎悪といったネガティブ感情が自分に発生したことを許してあげてください。自分に不寛容な人は、他人に寛容になることはできませんよね。

■「寛容」の誤った使い方

職場での「寛容」という強みの使い方は、デリケートで難しく、誤った使い方をする人も多いかと思います。

加害者である他者を拒否し、遠ざけるようにしないでください。

加害者の損害・迷惑行為を単にとがめない、責めない代わりに、加害者と一切かかわりを持たないし思いださないとった態度は、加害者を許したことにはなりません。結果として許しておらず、過失を暗黙のうちに攻めている行為になります。

特に、職場の仲間を拒否したり避けたりすると、職場がギクシャクして周囲にも悪影響を及ぼします。「寛容」な態度とは言えませんよね。

最終的な復讐を目的として一時的に許す行為はしないでください。

「時機がくれば相手を復讐してやる、そのために今だけは我慢して赦しているのだ」という行為は、復讐心というネガティブ感情が残った状態ですので、職場は良好な雰囲気にならず、生産性は上がりません。

コ●ラ●ム

「汝の敵を愛せよ」渡辺和子氏の寛容さ

「寛容」の強みを発揮された例として、いつも思い浮かぶのが、渡辺和子氏のエピソードです。

渡辺和子氏は、キリスト教カトリックの修道女で、学校法人ノートルダム清心学園の元理事長です。2016年、惜しくも亡くなられました。

彼女のお父様は、陸軍中将、渡辺錠太郎氏です。1936年、彼女が9歳のとき、二・二六事件が起こり、当時、陸軍教育総監だった父親の元にも青年将校が押し寄せました。そして、青年将校は、居間で渡辺錠太郎氏を襲撃し、43発もの銃弾を浴びせ、射殺しました。渡辺和子氏は、隠れてはいたものの、わずか1mの距離で実父が射殺されたところを見ていたのです。

太平洋戦争が終わってしばらくたったころ、配慮のないテレビ番組の企画で、渡辺和子氏は、父親を射殺した青年将校の1人と会うことになりました。彼女は、そのとき、聖書の教義にある、「汝の敵を愛せよ」を守れずに、どうしてもその青年将校のことを憎んでしまったと述懐しています。そして、その人のことを敬愛することはできないし、その人への憎悪、敵意は消せないが、せめてその人の後半生が幸せになることを祈ろうと考えたと言われます。

このエピソードは、渡辺和子先生の「寛容さ」、「人を許す」という尊い行為をよく表していると思います。私は、このエピソードが好きで、よく研修で披露させていただいています。

実父を殺した人が目の前にいれば、普通であれば、激しい憎しみを抱くはずです。自分の心に芽ばえた憎悪や敵意から逃げることなくしっかりと受け止め、かつ、決して父を殺したことを許さないけどもその人の幸せを祈る態度は、既にその人を寛容に許しているのでないかと思います。そして、自分に憎悪や敵意といったネガティブ感情が芽ばえたことをも許しているのではないかと私見ですが、判断できるのでした。

(5) 誠実さ

他者に対して真心を持って接したり、私利私欲を交えず真面目に対応したりするとき、また、自分に不利な状況においても偽らず、虚偽をつくろって保身せず、常に真実を語るとき、自分の信念や価値観に基づいて行動するとき、あなたは「誠実さ」という強みを活用していることになります。

■誠実の意味

「誠実」を辞書で調べると、「私利私欲をまじえず、真心を持って人や物事に対すること。また、そのさま」とあります。

誠実な人には、「自分にも他人にも嘘をつかない」「誰に対しても公平に接する」「何事にも真面目に取り組む」「他人に心を配る行動をとれる」「物を大切にする」といった特徴があります。

このような人と一緒にいると信頼がおけます。他人を不快な気持ちにさせないでしょうね。

■「誠実さ」の職場での活用法

職場において「誠実さ」の強みは、次のように活用してはどうでしょう。

① 事実と自分の偽らざる意見を述べる

これは要するに、「嘘をつかない」ということです。客観的事実を職場の仲間に正確に伝えるようにしてください。また、意見を述べるときは、自分を偽らず、阿諛追従するような意見を述べないように留意することです。例えば、上司に取り入るために自分の主義主張を曲げて意見を述べたり、自分の良心に反してキャリアアップのために悪意を持って相手を貶める意見を述べたりしないでください。自分の偽らざる意見を述べてください。

② 他者と他者の意見、出来事を先入観を通して判断しない

人は、人物や出来事、物事を判断するとき、どのような場合でも、自分の捉え方、解釈というメガネ、フィルターを通して判断し、感情・行動を起こします。そのような自分の持つメガネ、フィルターを、「認知」「思考」、あるいは「信念」「捉え方」と表現します。

自分の持つ「認知」「捉え方」に偏りや歪みが生じ、人物や出来事、物事をありのままに客観的に見ることができなくなると、偏見の罠に陥り、状況を適切に判断することができなくなります。その結果、ビジネスにおいては、成長する機会を逃すことにもつながりかねません。

職場の仲間や、仲間の仕事ぶり、パフォーマンス、能力、あるいは取引先に対して、固定観念というバイアスを持つことなく、ありのまま、中立的に判断してください。そして、多様な捉え方を抽出し、最も適切な判断を下し、行動してください。

「嘘をつかないこと」「固定観念や偏見を持たずに物事を見ること」。この2つが、職場での「誠実さ」を活用する正しい方法ではないでしょうか。

■「誠実さ」の誤った使い方

「誠実さ」を正しく活用するか誤って活用するかは、ご自身の「認知」「捉え方」の能力にかかっています。つまり、ビジネスに関わる人物や出来事を、強い固定観念、先入観だけを持って判断すると、「誠実さ」を誤って活用したことになります。

ご自身の「捉え方」にこだわるあまり、他者の言動、価値観を容認しないような行動は避けてください。

ご自身の「信念」「価値観」に沿った行動をとることは、誠実な行動です。ですが、職場の仲間やビジネス上の出来事について、ご自身の「信念」「価値観」に反していたり、逸脱していたりしたからといって、拒絶・無視しないようにしてください。

そのような行動は、ご自身にとっては信念を貫く誠実な行動と思われるかもしれませんが、自分の「信念」「価値観」に反するからといって、他者の言動、価値観を認めない態度は、「他者を公平に扱う」誠実さは感じられません。

自分の信念とは異なる他者の言動や価値観を受け入れ、認めたからといって、自分の信念、価値観と逸れた行動をした、不誠実な行動ということには決してなりません。あくまで自分と異なる他者の言動ですし、他者の行動はどうあれ自分の振る舞いは、自分の信念、価値観にもとづけばよいのですから。

⑹ 笑い笑わせること

嬉しいことや楽しいことがあると自然に笑える人。他者のジョークやギャグを拾って笑う人。何か冗談を言って周囲を笑わせずにはおられない人。普段何気ない言動にも、ユーモアを絶やさない人。また、逆境にさらされた組織の中で、緊張をほぐそうとして冗談をとばす人。これらのいずれかに当てはまる人は、「笑い笑わせること」という強みを持つ人です。

特に、生きるか死ぬかの極限状態においても、ユーモアを絶やさず、自分も逆境を笑い飛ばしつつ、周囲の緊張をほぐし、気楽な気分にさせる人は、人間味にあふれ、とても人間性の高い人物だと思います。

■「笑い」の効果

「笑い」の効果は、医学的心理学的に多くの研究成果が発表されています。

「笑い」は、免疫機能を高める効果があることは、多くの医学的証拠から証明されています。

人が「笑う」と、体内の自然免疫に働くＮＫ細胞（ナチュラルキラー細胞）を活性化させます。私たちの体内では、若くて健康な人でも1日3000～5000個のがん細胞ができているといわれています。ただし、健康な人の体内にできるがん細胞のほとんどは、ＮＫ細胞などの自然免疫の働きで分解されます。つまり、「笑い」は、免疫機能を高め、がんの発症を予防する効果があるのです。

免疫機能を高める以外にも、「笑い」には、脳機能の活性化、血行促進、幸福感向上と鎮痛作用、長寿効果などの効果が報告されています。

■笑顔は幸福な人生を育む―ディシェンヌ・スマイル

笑顔は幸せな人生を生むといった報告もあります。

ディシェンヌ・スマイルをご存知でしょうか。「本物の笑顔」と呼ばれるもので、フランスの精神内科医、ディシェンヌが発見したことからこの名がついています。ディシェンヌ・スマイルとは、口角が上がって口が開き、目のまわりにある眼輪筋が動いて目尻に鳥の足跡のようなしわが寄る笑顔のことを言います。口角だけが上がっているけど、目尻にしわがよらない笑顔（よく〝目が笑っていない〟といわれる笑顔）は、「本物の笑顔」ではないようです。最近では、俳優の高橋一生さんの人懐っこい笑顔がディシェンヌ・スマイルと言われていますね。

日頃からディシェンヌ・スマイルの笑顔をする人は、将来幸福になると調査結果が出ています。米国カリフォルニア州オークランドの私立女子大学ミルズ・カレッジの1958年と1960年の卒業アルバムの写真を使用し、それぞれの「ディシェンヌ・スマイル度」を分析し、30年後にどのような人生を送っているのかを調査ました。

調査の結果、「ディシェンヌ・スマイル度」が高い女性は、平均27歳で結婚をし、52歳の時点での結婚生活は順調で、その満足度も高くなっていました。また、心身ともに健康である傾向も強かったようです。

まさに「笑う門には福来たる」の通りで、ことわざが科学的に証明されたといえるでしょう。

■「笑い笑わせること」の職場での活用法

「笑い」は、自分の健康や幸福に多くの影響を及ぼすのみならず、周囲を幸福にする素晴らしい効果があります。ですので、お笑い芸人など、人を笑わせることを職業にしている人は、他者を幸福にするお手伝いをしている社会貢献度の高い人たちだと思います。

お笑い芸人のように秀逸なお笑いを提供しなくても、職場でジョークやギャグを交わし、周囲を笑顔にして仲間の幸福度やパフォーマンス向上につなげる良い影響を与えてください。

① 1日1つ、周囲を笑わせるジョークを考え、発表する

職場の何気ない会話の中で、周囲を笑わせるジョークやギャクを1日1つでもよいので考え、話してください。ジョークと言ったものでなくても、ウィットに富んだ会話の切り替えしでも構いませんし、ユーモラスな振る舞いでも構いません。

親父ギャグでも、すべってしまう寒いジョークでも、失敗を恐れず話してみてください。失笑も笑いの1つです。そんなジョークでも、周囲は、ここぞとばかり「寛容」という強みを活用してくれるはずです。そして笑ってくれるに違いありません。

② 1日必ず1回は職場の仲間に笑顔を示すこと、そしてジョークに笑う

笑顔の少ない環境に、笑いやユーモアは生まれにくいはずです。辛い状況においても、楽しいことを思い浮かべ、笑顔でいられる時間を増やしてください。そのときの笑顔は、当然、ディシェンヌ・スマイル、本物の笑顔です。

そして、職場の仲間のジョークには、面白いときは笑い、さして面白くなくても失笑でもよいから拾ってあげてください。反応してあげてください。周囲を笑わせるチャレンジを称賛してあげてください。

③ ピンチや逆境においてこそ、ジョークやユーモアを忘れない

職場の仲間や職場全体が逆境にさらされているとき、タイミングを見計らって軽いジョーク、許され受け入れられる程度の冗談を交わしてみてください。場が和み、緊張がほぐれる効果が期待されます。

■「笑い笑わせること」の誤った使い方

人を笑わせるチャレンジは、時として自身と周囲をネガティブな雰囲気にしてしまう結果に終わる可能性もあります。次のような誤った使い方をしないように注意してください。

① 他者を嘲笑すること。笑いによって他者を侮辱する

他者の嘲笑、笑いという形をとった他者の侮辱は、絶対にしてはいけません。一部の人には受けて笑いを得るかもしれませんが、対象となった当事者は、決して笑いませんし笑えません。それどころか、あなたのことを軽蔑し、信頼をしないようになるでしょう。

② ディシェンヌ・スマイルでない笑顔を示す

仕事の上で、口角だけを上げた営業スマイルは場合によってはやむを得ないと思います（営業スマイルも私はディシェンヌ・スマイルにすべきと思いますが、何もないときにニコニコ笑えないという方には営業スマイルも仕方ない笑顔なのかもしれません）。ただし、職場の仲間とか

わす笑顔は、営業スマイルではなく、ディシェンヌ・スマイル（本物の笑顔）をしてください。目が笑っていないといった笑顔ではなく、きちんと目も笑ってください。

③ 冗談をまったく受け付けないような状況で笑いを無理やり取ろうとする

特にひどい逆境や哀しい出来事が起こったとき、笑いや冗談がまったく受け入れられない雰囲気のときに、「笑い」をとるチャレンジをすべきではありません。悲しみや不安といったネガティブ感情があなたに対する不信、憤慨といった、余計なネガティブ感情を増幅しかねませんから。

■まとめ

人間性を高める強みの活用法をまとめると、次のようになります。

強み	職場での活用法
(1)愛（愛し愛される力）	①自分を愛する。肯定する。 ②仲間に敬意を払い、肯定的に受け止める。 ③仲間への敬意の気持ちを言葉で表す。 ④仲間からの敬意を素直に感謝して受け止める。

(2)感謝	①その日のうちにありがたいと思った3つのことを毎日書き残す。 ②①で書き残した3つの良いことを職場の当事者に伝える。 ③職場で不平不満を感じたら、それは成長する機会を得られたとして捉え、対象者、対象事物に感謝する。
(3)親切心	①他者が明らかに困り果てているときに活用する。 ②他者から明確に「助けてほしい」と請われたときに活用する。 ③決して見返りを求めない。
(4)寛容	①職場の仲間の失敗、迷惑行為を受容する。 ②迷惑行為を受けたら、加害者に伝え、すぐに「でも許す」と伝える。 ③自分が加害者になった場合、即座に謝罪する。 ④自分の中の敵意、罪悪感から解放する。
(5)誠実さ	①事実と自分の偽らざる意見を述べる。 ②他者と他者の意見、出来事を先入観を通して判断しない。
(6)笑い笑わせること	①1日1つ、周囲を笑わせるジョークを考え、発表する。 ②1日必ず1回は職場の仲間に笑顔を示すこと。そしてジョークに笑う。 ③ピンチや逆境においてこそ、ジョークやユーモアを忘れない。

2　良好な人間関係に役立つ強み

個人心理学者のアドラーは、人には乗り越えなければならない人生の3つの課題があると説いています。3つの課題とは、愛の課題、交友の課題、仕事の課題です。

3つの課題は、すべて対人関係の課題と置き換えることができます。愛の課題は、配偶者やパートナーとの対人関係の課題、交友の課題は、友人や地域社会の仲間との対人関係の課題、仕事の課題は、職場の上司、先輩、同僚、後輩、お客様、取引先との対人関係の課題になります。人の悩みのほとんどは、対人関係（人間関係）の悩みと言われています。アドラーの言う3つの課題は、人間関係の悩みをすべて含んでいるものと思います。人間関係を良好に保つことは、私たちが生きる上でとても重要で永遠の課題、テーマのようにも感じます。

家庭、地域社会、職場で人間関係を良好に保つには、どのようにすればよいのでしょうか。私は、「人格の強み」のうち、⑦謙虚　⑧会話力・雑談力　⑨バランス感・調和性　⑩傾聴　⑪承認　⑫共感性　⑬社交性のような強みを活用すれば、人間関係を良好に保つのに役立つのではないかと考えています。

(7) 謙虚

私たち日本人は、慎み深く思慮深さを美徳としている国民性がありますので、「謙虚」という強みを持つ人は多いかと思います。自分の行った行為によって他者や社会に貢献する素晴らしい成果が得られても、決して自分からそれをアピールしない人。素晴らしい成果は自分ではなく協力していただいた仲間の成果として仲間を称賛する人。素晴らしい成果が得られた勝因を自分ではなく、他者の仕事ぶり、天運とする人。どんなに地位が上がっても自分を特別な人間とは思わない人。

これらのいずれかに当てはまる人は、「謙虚」という強みを活用しています。

■謙虚の特性

研修をしていて受講者からたまにいただく質問に、

「謙虚は、ビジネスにおいて強みにならないのではないでしょうか。仕事ぶりや自分の扱う商品の良さをアピールする場で謙虚さを発揮していてはお客様に満足する価値を伝えられないし、リーダーである上司が部下に謙虚な態度でいると、リーダーシップが発揮されないでしょう」というものがあります。

このような質問される方は、「謙虚」の意味を、「自分を意図的に下げて他者を作為的にほめたたえる行為」と誤解されているように思えます。それは、本来の「謙虚」の意味とは、大きく外れています。

「謙虚」の意味は、「自己の価値・資質を十分に理解して価値あるものとして誇りを持ちつつも、それを他者よりも優れたものと思わず、他者の能力・資質を素直に評価し、学ぶ気持ち」と解釈できます。ビジネスにおいては、他社商品の良さを認め、その良さから学びつつ、自社商品の価値をお客様に伝えたり、上から目線で部下を押さえつけずに部下の意見や働きぶりを素直に聞き、チームをまとめたりするとき、「謙虚」さが如何なく発揮されています。

「謙虚である」ことは、「傲慢である」ことの反対です。傲慢な人からは、あまり商品を買いたくないし、傲慢なリーダーの下では働きづらいと思います。「謙虚」という強みは、ビジネスにおいても強みになるのです。

■「謙虚」の職場での活用法

①自分の業績でも、まず協力していただいた他者を称賛し感謝する

自分の仕事ぶり、能力、才覚で達成した業績、成功した成果であっても、周囲に自分をアピールしたり自慢したりする前に、協力いただいた方々の仕事を称賛し、感謝してください。

どのような仕事でも、一人で成し遂げることができた業績はないはずです。人間は、他者なしでは存在できない、人の業績は他者の協力がないと達成できないということを認め、自慢をする前にまずは協力いただいた方々に感謝してください。

②自分を特別視せず、職場の仲間にも強いない

人間の持つ資質、能力、強みには個人差があり、豊富な資質を持つ人もいれば、少ない人もいます。ただ、資質、能力の種類の違い、多寡の個人差はあれども、それによって人間の質・地位の上下が決まるわけではありません。持っているものに個人差はあっても、それでどの人間が偉くてどの人間が劣るかといったことは決まりません。

今行っているビジネスにおいて適応した能力・強みを多く持っており、それらを活用してビジネスが職場の仲間よりも成功しているとしても、自分を特別視したりせず、それを職場の仲間に強要したりしないでください。

たまたまあなたの能力・強みが今のビジネスに適しているだけで、局面が変化すれば、職場の仲間の自分が持っていない強みのサポートを受けなければならない場面が必ず現れます。謙虚な態度でいなければ、その仲間の強みを借りることはできないでしょう。

■「謙虚」の誤った使い方

自分を卑下してまで他者を称賛することは避けてください。自分が今持っている能力・強みの価値を自ら貶める自傷行為のようなものです。それは、ある意味、自分の価値を自分で容認しない傲慢な態度でもあります。

他者を評価し称賛するときは、おざなりなものではなく、心から称賛してください。謙虚な態度をしなければと思うあまり、本音は他者をほめたくないのに形だけ称賛し、感謝する行為は避けてください。偽りの称賛は、他者に見抜かれ、良好な人間関係を築くことはできません。

⑻ 会話力・雑談力

人と会話をするのが大好きな人。おしゃべりな人。初対面の人にもためらわず話しかけられる人。スピーチの上手な人。雑談しているときが心地よいと思える人。

このようなタイプのいずれかに当てはまる人は、「会話力・雑談力」の強みを持ち、周囲と良好なコミュニケーションを図ることにとても長けた人です。

■会話力・雑談力の特性

会話や雑談は、人と話す、おしゃべりするといった単純な行為に思われがちですが、実は豊富な知識や洞察力が必要な知的行為です。会話の上手な人、雑談の上手い人は、とても頭の良い、頭が回る人と言えます。

なぜかと言えば、会話を続けるということは、話し相手が会話を聴いて反応してくれなければなりません。話し相手の興味を引き付ける話題をわかりやすく面白く提供しなければなりません。当然、幅広い情報や知識が必要になってきますね。

次に、話し相手の興味を引き続けるということは、話し相手の興味・関心の対象を会話の中から見つけなければなりません。会話の上手な人は、話し相手の興味・関心は何かを察する能力、洞察力が長けていることになります。

このように、「会話力・雑談力」は、豊富な情報・知識をわかりやすく周囲に共有し、他者の興味・関心を予想することに役立つ強みと言えます。

■「会話力・雑談力」の職場での活用法

① 職場の仲間に自分の最近起こった良いことを物語る

自分の周りで最近起こった仕事での良いこと、新たにチャレンジしたことを職場の仲間に話してみてください。それは、ビジネスライクな業務連絡的な味気ない報告ではなく、物語風に会話をしてみてください。例えば、英雄物語（ヒーローズジャーニー）のように。日常から否応なく新たなチャレンジングな業務を命じられ、いくつかの社内外の障害にぶつかり、仲間の支援があって障害を乗り越え、華々しい成果を上げたような、英雄物語風に会話をしてみてください。

② あまり会話をしない人に雑談を話しかける

職場であまり人と会話をしない人や、引っ込み思案な人見知りをする人がいれば、話しかけてみてください。話題はなんでもかまいません。仕事以外の話題、例えば、昨日見たテレビドラマ、最近はまっている趣味、今朝の新聞記事の内容など、その人が興味のあるものを見つけ、その話題をふってみてください。

その人の興味ある話題をあなたがよく知らない場合は、その人に教えてもらうような姿勢で会話を続けてみてください。

■「会話力・雑談力」の誤った使い方

決して他者の悪口、誹謗中傷、ネガティブな批判を話題にして会話をしないでください。楽しい話題で会話をしてください。また、会話に入ることを強制しないでください。自分の意思で雑談に入るまで辛抱強く待ちましょう。

⑼バランス感・調和性

自分と主義主張が合わない人や、自分の意見に反対する他者の意見も、固定観念を抱かず聴ける人。さまざまな意見やアイデアをバランスよく受け入れる人。相反する主張、意見の中から共通する良い部分を発見し、調和させて意見をまとめることができる人。

このような人は、「バランス感・調和性」という強みを持っている人です。

■「バランス感・調和性」の特性

「バランス感・調和性」という強みを持つ人は、おそらく少ないと思います。組織集団の中でも、ファシリテーターとして多様な意見をまとめる経験を多く積まないと習得できない強みではないかと考えています。

「バランス感・調和性」は、多種多様な意見、アイデアを整理・統合し、それらの中から良い点、共通する部分を抽出し、まったく新しいアイデア・企画にまとめ上げるように活用すると、強みを発揮し、周囲に建設的な良い成果を生み出します。

■「バランス感・調和性」の職場での活用法

①固定観念を持つことなく、さまざまな意見を偏りなく吸収する

職場での企画会議や解決策、戦略を策定する会議、話し合いにおいて、「バランス感・調和性」は強みを発揮します。その際には、多様な意見に固定観念を持つことなく、バランスよく吸い上げる必要があります。

②相反する意見を持つ双方の仲間が納得するまで粘り強く調整する

相反する意見を主張し、対立する仲間を1つの方向性、ビジョンにまとめる作業は、困難を伴いますが、組織全体が成長し、目的を達成するためには、必要なステップです。「バランス感・調和性」の強みを活用する人は、これを比較的容易にできると思います。

相反する双方の意見を偏りなく受け止めたのち、双方の意見の共通する部分、良い部分を抽出し、新たな良い調整案を示しながら、双方が納得するまで粘り強く調整してみてください。

コ・ラ・ム

カリスマ的調和性で国を1つにまとめた大統領
―チトーのバランス感

現在のスロベニア共和国、クロアチア共和国、マケドニア共和国、ボスニアヘルツェゴビナ共和国、セルビア共和国、モンテネグロ共和国は、1943年から1992年まで、ユーゴスラビア社会主義連邦共和国と呼ばれる1つの国でした。『7つの国境、6つの共和国、5つの民族、4つの言語、3つの宗教、2つの文字、1つの国家』と表現され、統治が極めて難しいとされた中、1つの国としてまとめた指導者が、ヨシップ・ブロズ・チトー大統領です。

チトーは、各共和国、民族のバランスを取るため、憲法改正を繰り返すごとに、各共和国と自治州の自治権を拡大したり、純粋な社会主義国では珍しく野党の成立を認め、新聞による体制批判などの言論の自由をある程度は許したりするなどして連邦を継続するよう努力しました。また、民族主義的な言論は弾圧、排除の対象とし、厳しく監視、取り締まりを行いました。

こうして、チトーのカリスマ性と抜群のバランス感・調和性によって、6つの共和国、5つの民族は、1つの連邦共和国として50年近く統治されました。チトーの死後、体制が崩壊し、6つの共和国に分裂したことからも、彼のバランス感の卓越さが推察されます。

■「バランス感・調和性」の誤った使い方

意見が対立する双方の仲間を納得させるため、顔を立てるため、双方の意見を並立する、いわゆる〝両論併記〟的な調整案をまとめて調整を図らないようにしてください。矛盾する意見を並べたアイデアは、双方の意見を吸収しているようで、組織全体としては、ベクトルがバラバラとなり、組織が1つの目標・ビジョンに向かうことはありません。結果として、まったくバランスの悪い、調和をもたらさない残念な結果に終わる可能性が高いです。

⑽ 傾聴力

人の話を聴くのが好きな人。友人・職場の同僚から相談を受けることが多い人。この人には普段打ち明けないような話をも打ち明け、相談をしてしまうような他者。これらのいずれかに当てはまる人には「傾聴力」という強みが備わっています。

「傾聴力」という強みは、「会話力・雑談力」と相反する強みと思われがちですが、むしろ、対立することは少なく、同時に活用することは可能です。会話の上手な人は、他者の言うことをよく聴くことにも長けており、相手の言いたいことを傾聴してうまく引き出して会話を続けるからです。

■傾聴力の特性

傾聴を辞書で調べると、「耳を傾けて熱心に聴くこと」とあります。臨床心理学では、「傾聴」は、特に「アクティブ・リスニング（積極的傾聴）」と呼ばれ、コミュニケーションの重要なスキルとして確立されています。

傾聴は、コミュニケーションを円滑に図るスキルとして活用されていますので、その効果は、相手との良好な信頼関係が築けることがあります。その他にも、話し手側の効果としては、自分の考えを整理できたり、新たな視点が見えたりする効果が期待できます。また、傾聴する側、聞き手側の効果としては、相手の意見・要望がよくわかる、潜在的なニーズが顕在化するといった効果があり、営業トークや交渉時に活用することが可能です。

■「傾聴力」の職場での活用法

積極的傾聴は、コミュニケーションスキル、コーチングスキルとして確立していますが、ここでは確立したスキルにとらわれず、職場で実践的に活用できる方法を示します。

①相手の表情を見ながら肯定的な雰囲気で傾聴する

職場の仲間の話を傾聴するときは、相手の表情を観察し、肯定的な打ち解けた雰囲気をつくりながら聴いてください。相手からそっぽを向いて話を聴いたり、「寄らば斬るぞ」といった近寄りがたい雰囲気を醸し出したりして聴くと、傾聴の効果は出ないでしょう。

②相づちを打ったり、時おり相手の話を反復・繰り返したりして聴く

相手の話をただ黙々と聴くのではなく、相づちを打ったり、相手の会話の一部をオウム返しのように繰り返したりしながら傾聴してください。そうすることで、話し手の会話に良いリズムが生まれ、ペースよく会話ができます。さらに、話し手と同じ言葉を会話することで、聞き手と自分との類似性、共通性を感じ、聞き手は話し手に信頼を寄せるようになります。

③話し手の話をさえぎらず、否定しない

話し手の話を途中で腰を折るようにさえぎらないようにしてください。また、相手の話を最初から否定せず、共感して聴くようにしてください。

質問があれば、相手が話し終わった後に質問してください。そして、話の内容が興味深く、肯定的で良いものであれば、肯定的な意見を述べ、話の内容が否定的なものであれば、肯定的な方向に変わるような修正のアドバイスをかけてあげてください。

■「傾聴力」の誤った使い方

話が明らかに間違っているからと言って、ただちに否定しないでください。否定するのは、話の終わりでも良いではないですか。まずは話を聴いてください。また、話を半分だけ聴いて、すぐに自分の意見・話題を述べ、説得することはやめてください。話を最後まで聞き終えて自分の意見を話してください。

話を聴くときは、相手の表情を見ずに聴かないでください。それは傾聴ではありません。

⑾ 承認欲

人から注目を受けたり、周囲で目立ったりすることが好きな人。他者からほめられるのが好きな人。周囲があなたの噂話をするのを好む人。

このような人は、「承認欲」という強みを持っています。

■「承認欲」の特性

マズローの五段階欲求説では、第４段階の高次の欲求に承認欲求があります。この説によれば、生理的欲求、安全欲求、所属・帰属欲求が満たされれば、人は、誰しもが「他者から認められたい、尊敬されたい」といった高次の欲求を強く持つことになります。

承認欲の対象は2つあります。1つは他者です。他者から認められたいという欲求は他者承認といいます。もう1つは自分です。「承認欲」と聞くと、他者承認に注目されがちですが、実は自分を承認する欲求もとても重要な承認欲求なのです。

■「承認欲」の職場での活用法

①自己の理想像（セルフイメージ）を最高に高めるのに活用する

これは、自己承認欲を内的なモチベーション向上に役立てる使い方になります。私たちは、今の仕事を行うに当たって、プロフェッショナルとしての理想像、なりたい自分を目標に掲げなければ、向上することはできません。目標を設定しなければ、日々の仕事を楽しむことなく、漫然とこなすだけになります。

「承認欲」、特に自己承認欲という強みを活用し、自分がなりたい理想像、満足できる自分、最高のセルフイメージを描いてください。それを視覚化できるくらい具体化してください。そして、日々、その理想像を目指すように内発的モチベーションを高めてください。

②他者貢献・社会貢献の活動を続けることに活用する

他者に対して役立つこと、貢献したことを行うと、他者から感謝され、称賛を受けます。他者から承認されます。また、仕事を通してお客様にとても有益なもの・価値を提供すると、お客様に感謝されます。それは、社会に貢献したことにつながります。

このように、承認欲を、他者貢献や社会貢献できる活動に、それを継続する動機づけに上手く活用してください。あなたの承認欲は、それによって他者貢献、社会貢献に役立つことになり、さらに他者貢献、社会貢献をしたいというモチベーションが湧くと思います。

■「承認欲」の誤った使い方

「承認欲」は、他者からの承認を求めることだけに活用しないでください。他者から貢献されること、感謝されるような価値を与える仕事をすることを目的として承認欲を活用してください。他者からの承認は、その行動の副次的なご褒美です。ご褒美を求めすぎるあまり、承認を得ることが難しい仕事を避けるようなことはやめてください。

⑿ 共感性

他者の日常何気ない行動をみるうち、普段と様子が異なる振る舞い、言動に気づき、他者の感情の変化に気づく人。他者の成功を自分のことのように喜べる人。他者の目線で物事を見ることができる人。このような人は、「共感性」という強みを持った人と言えます。

■「共感性」の特性

「共感」を辞書で調べると、「他人の意見や感情などにそのとおりだと感じること。また、その気持ち」とあります。よく意味が似ている「同情」を辞書で調べると、「他人の身の上になって、その感情をともにすること。特に他人の不幸や苦悩を、自分のことのように思いやっていたわること」とあります。辞書だけの意味を比べても、「共感」と「同情」との違いはわかりにくいですよね。

私はコーチング研修などで、相手に共感することの大事さを説明します。心理学者、アドラーは、相手を勇気づけるときに大切なのは共感することと説いています。

共感は、「相手の意見や感情を理解する気持ち」に対し、同情は、「相手の感情と同化した気持ち」になります。これを読みますと、「相手の感情と同じ気持ちになった方が相手のことを思い、勇気づけになるのではないか。相手のことを考えていることになるのではないか」と思われがちですが、それは違うと思います。

同情は、相手の感情を自分と同じにしたとき、すでに自分本位の感情になってしまいます。つまり、相手の感情や置かれている状況に関心を持つことから自分へ興味・関心の対象が移ってしまうのです。相手に興味を抱けない人は、相手を勇気づけることはできないですよね。

また、相手に同情すると、例えば「不幸で辛い私」「可哀そうな悲劇の中の私」と同化してしまい、相手に対して、相手の持っている強みを発揮させて状況を打開させる勇気づけができないと思います。

相手に（同情するのではなく）共感することは、相手目線に立ち、相手の置かれている状況と感情を客観的に理解することです。それができれば、冷静に相手の持つ強み、能力を活用するよう支援し、状況を克服できるよう勇気づけができます。

このように「共感性」を活用すれば、不幸な状況に置かれている相手と信頼関係を築き、相手を勇気づけて不幸な状況から立ち直るきっかけをつくることに役立ちます。

■「共感性」の職場での活用法

①職場の仲間の様子に関心を抱き、変わった様子がないか観察する

「共感性」の持つ良い特性は、他者と同じ目線に立てることです。職場の仲間の様子に心を配り、何か普段と変わった様子がないかどうか観察してください。そして、変わった様子の仲間がいれば、声をかけたり、気の合う他の仲間と共有したりして押し付けにならないように支援してください。

② イライラしている仲間、悲しんでいる仲間の話を聴く

「共感性」の強みをいかんなく発揮し、イライラしている仲間、落ち込んでいる仲間の話を聴いてみてください。「傾聴力」の強みと併用しながら、相手の立場に立って、話を傾聴してください。そして、可能であれば、仲間を勇気づけ、励ましてください。

■「共感性」の誤った使い方

「共感性」の活用で留意すべきは、「同情」にならないことです。相手の感情に共感するのではなく、自分優位で同情し、相手の置かれている状況を追認するようなことは避けてください。そうなってしまうと、状況を打開する勇気づけはできなくなります。

また、「タテの関係」（上下関係）を築くような共感は避けてください。アドラーの説く相手と対等な関係（ヨコの関係）で相手と同じ目線に立ち、相手の意見や感情を理解してください。相手と対等ではなく、主従関係を前提とした共感は共感ではなく、同情になってしまいます。

⒀ 社交性

初対面の人とも自然に会話ができる人。知らない人が多く参加するパーティーにも楽しんで参加できる人。知らない人どうしを紹介して友情の橋渡しをすることに喜びを感じる人。このような人は、「社交性」という強みを持っている人です。

■社交性の特性

辞書によると、社交性は、「人づきあいが好きで、つきあい上手な性質」を意味します。人間は、他者の存在がなくては生きていけず、日常生活を送るにも仕事をするにも他者の協力が欠かせません。人が抱える課題・悩みの大半は、人間関係の悩みにまとめられると考えられている中、「社交性」は、その悩みを解決する特性を持っています。

■「社交性」の職場での活用法

① 組織・チームに新しく入ってきた社員・仲間に積極的に話しかける

「社交性」の強い人は、初めて会う人と会話を交わすことが億劫ではありません。それどころか、初めての人と会話をすることが大好きな人です。新たに組織の一員となった社員・仲間と最初に積極的に話しかけ、組織内に早くなじむお手伝いをしてください。

② 新しい仲間と古い仲間とをつなぎ合わせる

「社交性」の強い人は、誰とでも打ち解けた雰囲気で交流できますので、組織に入ってきた新しい仲間と、従来からの古い仲間とをつなぎ合わせ、より良いチームになるための橋渡しをしてあげください。その結果、組織内に肯定的で良好な人間関係ができ、生産性の高い組織が生まれます。

③ 新しい顧客、取引先との最初の面談の場に参加する

初対面の人との会話を誰よりも楽しむ「社交性」の強い人は、新規顧客や新しい取引先との面談、商談の場に参加してください。相手は、とても短時間で胸襟を開くようになり、難しい商談や取引も円滑に進む可能性が高くなるはずです。

■「社交性」の誤った使い方

「社交性」の特性は、誰とでも交際・交流できることにあります。会話・交流する特定の人を選び、その人だけしか社交性を示すことのないようにしてください。また、初対面の人と話すときでも、自己中心的な話ばかりでは、付き合い上手とは言えません。ですから、話相手の良さを引き出しながら、「社交性」を発揮してください。「傾聴力」を併用しながら、「社交性」という

強みを活用してください。

■まとめ

良好な人間関係に役立つ強みとその活用法をまとめると、次のようになります。

強み	職場での活用法
(7)謙虚	①自分の業績でも、まず協力していただいた他者を称賛し感謝する。 ②自分を特別視せず、職場の仲間にも強いない。
(8)会話力・雑談力	①職場の仲間に自分の最近起こった良いことを物語る。 ②あまり会話をしない人に雑談を話しかける。
(9)バランス感・調和性	①固定観念を持つことなく、さまざまな意見を偏りなく吸収する。 ②相反する意見を持つ双方の仲間が納得するまで粘り強く調整する
(10)傾聴力	①相手の表情を見ながら肯定的な雰囲気で傾聴する。 ②相づちを打ったり、時おり相手の話を反復・繰り返したりして聴く。 ③話し手の話をさえぎらず、否定しない。
(11)承認欲	①自己の理想像（セルフイメージ）を最高に高めるのに活用する。 ②他者貢献・社会貢献の活動を続けることに活用する。
(12)共感性	①職場の仲間の様子に関心を抱き、変わった様子がないか観察する。 ②イライラしている仲間、悲しんでいる仲間の話を聴く。

⒀社交性	①組織・チームに新しく入ってきた社員・仲間に積極的に話しかける。 ②新しい仲間と古い仲間とをつなぎ合わせる。 ③新しい顧客、取引先との最初の面談の場に参加する。

3　目標達成に役立つ強み

皆さんは、目標を持っていらっしゃいますでしょうか。

多くの会社で企業研修をさせていただいていると、社員の方の中に、「私は目標を持っていないんですが、どうすれば良いでしょう?」と質問を受けることがあります。「目標を持たないとだめなんでしょうか」といった質問も受けたことがあります。

アドラーは、「人間のすべての感情や行動は、ある目的を達成するために生み出される」といった目的論を唱えています。つまり、アドラーの考えによれば、私たちは、意識下にあるか無意識下にあるかにかかわらず、実は常に目的をもち、それを達成するために行動していることになります。

常に目的を持って行動している私たちですが、それを意識せずに行動するとどのようになるのでしょうか。

アメリカのパーソナルコーチングの大家、ルー・タイス氏とアメリカ政府機関の調査によると、退職したアメリカのビジネスパーソンが、その後の目標を持たずに生活すると、平均1年半で亡くなっているといった驚くべき結果が出ていました。

これらの先人の理論や最近の調査結果から、人間は、人生の目的を確かに意識して持ち、その達成に向けて過ごすことで長寿になり、意義深い幸福な人生を送ることができるといえます。

それでは、目的・目標を設定し、達成するためには、どのような「人格の強み」を活用すればよいのでしょうか。私は、多くの研修を通じて、⑭勇気　⑮計画性　⑯知識　⑰忍耐　⑱改善性　⑲勤勉性　⑳向学心といった強みが、目標達成に効果を発揮すると考えています。

⒁ 勇気

上司に毅然と自分の意見を主張できる人。他人から嫌われたり、批判させたりすることを怖れない人。達成困難なプロジェクトにも果敢に挑戦できる人。どのような立場の人の不正行為であっても注意することができる人。仲間が危険な状況に置かれると、恐怖を克服して助けることができる人。これらのいずれかに当てはまる人は、とても勇敢な人物として他者からみられることでしょう。「勇気」という強みを持っている人です。

■「勇気」の特性

「勇気」を辞書で調べると、「ものおじせずに立ち向かう気力」と書かれています。なにか困難なものや障害となる試練に立ち向かう気持ちが「勇気」といえるでしょう。

ポジティブ心理学的な「勇気」の定義としては、「勇気とは、危険、不確実性、恐怖があるにもかかわらず、道義的で価値ある目的に向かっていく行動意志」となります。つまり、勇気を活用することは、不確実な未来を恐れず、目的・目標を達成するために行動する気持ちと捉えることができるでしょう。

したがって、「勇気」には、恐怖や将来の不確実性といった逆境・試練・ストレスを克服し、価値ある目的を果たす原動力となる特性が備わっています。

■「勇気」の職場での活用法

ポジティブ心理学者で、私のコーチングの師でもある、ロバート・ビスワス＝ディーナー博士は、勇気ある行動の条件として、①危険や脅威が存在する、②行動の結果が確実でない、③恐怖が存在する、④個人が明確な意思と意図を持って行動する、⑤倫理的な価値がある、の5つを唱えています。このような条件を踏まえながら、職場では、「勇気」を次のように活用することが効果的と考えています。

① ファーストペンギンとなって誰もが敬遠する新たな仕事にチャレンジする

ファーストペンギンという言葉をご存知でしょうか。ペンギンの群れの中から、群れが生き延びるために天敵がいるかもしれない危険な海に最初に飛び込み、餌をとってくるペンギンのことです。「勇気」を持つ人は、誰もが怖れて敬遠するプロジェクトに、最初に挑戦することをためらいません。おそらく好んで行うと思います。

「勇気」の強みを存分に活用して、未知の新しい仕事に挑戦してみてください。成功すれば、仲間はあなたの勇敢な行為に勇気と希望をもって後についていくでしょう。もし失敗しても、仲間はあなたの勇気を称賛するでしょうし、失敗からより良い方法を学ぶことになるはずです。

② 新しい市場、新しい取引先を開拓する

「勇気」を持つ人は、新たな市場に進出することをためらいません。まさにファーストペンギンになることをとても好んでいるはずです。「新しい市場に自分が最初に営業に行けてこんな美味しい仕事をもらっていいのかな」というぐらい前向きに捉え、あまり失敗することは考えていないはずです。

「勇気」を、新市場開拓、新たな取引先の発掘に存分に活用してみてください。

③ 同僚・後輩の背中を押し、勇気づける

同僚や後輩が、何か新しい挑戦的な仕事を前にして、とてもやる気が昂ってはいるものの、失敗のリスクを過剰に捉えたり、予測のつかない不確実な状況の発生を恐れていたり不安を感じていたりしたとき、同僚や仲間の持っている強み、資質、能力、経験に敬意を表し、それらを承認して活用するよう促し、そして新境地にチャレンジするよう勇気づけてください。他者を勇気づけることも、「勇気」の正しい活用の仕方といえます。

■「勇気」の誤った使い方

「勇気」を活用するあまり、自分自身が社会の規範や会社の規則に逸脱するような行動はしないでください。勇気ある行動条件の1つには、「倫理的な価値がある」があります。社会規範に逸脱した行動は勇気ある行動とは言えません。「勇気」を過剰に活用した「蛮勇」と言えるでしょう。蛮勇は慎むようにしてください。

⒂ 計画性

仕事や日常生活のイベントの計画を立てるのが好きな人。〆切を常に意識して逆算して段取りを考えることができる人。不測の事態に備えて目標達成に向けた複数の計画を立てることができる人。計画を立てる時間をつくることが苦にならない人。

これらのいずかに当てはまる人は、「計画性」という強みを大きく持っている人です。

■「計画性」の特性

「計画性」の強みを活用すれば、仕事や日常生活を計画的にこなすことができます。細やかな業務や作業、やるべきことに費やす時間のある程度の目安がわかり、効率的に実行しやすくなります。また、どの作業に時間をかけ過ぎたか、どの業務で時間が短縮できたかがわかります。

「計画性」を活用すると、仕事やイベントの達成期間、〆切から逆算して作業手順と費やす時間を決めますので、仕事の全体像から現在の進捗状況をつかむことができ、時間が経過して〆切が迫っても、過度に不安になることもなく、楽観的に状況を見ることができます。作業が予定より遅れていたときでも、計画を立てておけば見直すことが可能です。

このように「計画性」は、仕事や企画、プロジェクトの達成を目指して、体系的に俯瞰してアプローチする特性があるのです。

■「計画性」の職場での活用法

①自分の目標達成に向けた計画を細かく立てる

仕事で自分の抱えているプロジェクト、日常業務について、目標を設定したのち、それを期限までに達成するまでの細やかな計画を立ててみてください。

期限から逆算し、作業が滞る予期しない出来事も想定して無理のない計画を立ててください。

また、計画が滞ることも想定しながら複数の計画を立ててみてください。

②仲間やチームのプロジェクトのスケジューリングのお手伝いをする

「計画性」を強く持つ人は、他者の仕事の計画を立てることも苦になりません。また、他者が立てた計画について、効果的でない時間設定、目標達成に悪い影響を及ぼす手順など、計画の全体像を捉えて改善点、稚拙な点に気づき、それを指摘することができます。

「計画性」の強みを存分に活用し、職場の仲間や所属する組織・チームの仕事のスケジュール作成において、お手伝いをしてみてください。

③ 自分の計画作成方法を職場に広める

「計画性」の強みを持つ人は、効率的な計画を立てる独自の方法を持っている人も少なくないと思います。そのような独創的な計画作成法が、職場の仲間に適した有効なものであれば、出し惜しみせず、独り占めせず、ぜひ、職場の仲間にも広め、共有してみてください。

■「計画性」の誤った使い方

計画は、目標を期限までに達成するために立てるものです。計画を立てることを目的としないでください。「手段が目的化」している状況は避けてください。

自己犠牲を払うような無理を生じる作業計画、遊びのない完璧さを要求される計画は立てないでください。余裕のない作業計画は、満足度と幸福度、モチベーションを低下させ、作業効率の低下という逆効果を生じます。

⒃ 知識

過去にさまざまな職業体験を持つ人。いろいろな場所に旅行に出かけ、見聞を広めている人。多様なジャンルの本を読んでいる人。豊富な経験や知識を他者に伝えることが好きな人。

これらのいずれかに当てはまる人は、「知識」を豊富に強く持っている人です。

■「知識」の特性

「知識」を辞書で調べますと、「ある事柄について、いろいろと知ること。その知り得た内容」とあります。さまざまな出来事に対する知り得る内容が知識ということです。

何か行動を起こすときになって、「知識」を豊富に持っておけば、選択肢を多く挙げることができ、行動の幅が広がります。多様な「知識」があれば、状況に応じて適切、的確な判断をすることに役立ちます。「知識」という強みには、そんな特性が備わっています。

イギリスの哲学者、フランシス・ベーコンは、「知は力なり」という言葉を残しています。これは、知識を、実際に活用して力に変えることが重要だという意味と考えています。

「知識」は、持っているだけで出し惜しみするのではなく、実際に活用してこそ、他者や社会に力を与え、貢献することになります。「知識」には、そのような素晴らしい特性があるのです。

■「知識」の職場での活用法

① 職場の仲間にアドバイスをする

豊富な「知識」を持つ人、あるいは誰も知らない専門性の高い特殊な「知識」を持つ人は、職場のある局面で、仲間が困っていたり助言を求めていたりしたとき、あなたの持つ知識を駆使してアドバイスをしてみてください。

②　経験知・暗黙知を形式知に変えるお手伝いをする

職場には、さまざまな経験から得られた経験知・暗黙知にあふれています。熟練した技術を必要とする製造の現場はもちろんのこと、事務処理、デスクワークが中心の職場でも、暗黙知は多いはずです。

そのような職場の仲間の個々人が持つ経験知・暗黙知をそのままにしておけば、局面が訪れるたびに、その人に聞かないとその知識が活用されません。経験知・暗黙知を形にしておくと、職場の仲間は、いつでもどの場面でも迷うことなく活用することができます。

職場の仲間と協力し合い、持っている豊富な経験知、専門性の高い暗黙知を、形式知として形にするお手伝いをしてみてください。

③　見聞を深め、さらに経験知を積み上げる

「知識」を豊富に持つ人は、さらなる知識を増やすことに貪欲な人が多いように思います。さらに研鑽を積み、見聞を広め、今持っている「知識」に新たな「知識」を積み上げてください。従来持っている「知識」にこだわることなく、積極的に貪欲に新しい知識を吸収し、「知識」という強みを向上させてください。

■「知識」の誤った使い方

知識や経験が豊富な人にありがちなのですが、自分の持っている知識にこだわりすぎ、絶対視しないようにしてください。経験則に頼り過ぎないようにしてください。知識から得られるアイデアは、絶対的に最適なものではなく、あくまで最適な判断を導く選択肢の1つとして捉えてください。

経験知・暗黙知などの知識を他者に伝えるときは、押し付けにならないようにしてください。自分の経験知通りに実行することを仲間に強制しないでください。その通り実行するかは仲間が判断することです。

⒄ 忍耐

目標や目的の達成を妨げようとするあらゆる誘惑にのらない人。悪魔のささやきに耳を傾けない人。辛くて苦しい状況でも目標達成まで歯を食いしばって頑張れる人。一度交わした約束は守れる人。他者が辛くて苦しい状況にあっているときに他者に向きあえる人。

このような人はとても辛抱強く、「忍耐」という強みを強く持っている人です。

■「忍耐」の特性

忍耐とは文字通り「耐え忍ぶこと」となります。辞書にも「つらさ・苦しさ・怒りを、じっと我慢すること。たえしのぶこと」という意味で書かれています。

「忍耐」と同じような意味で、「我慢」という言葉もよく使われます。「我慢」は仏教用語で本来は、「強い自己意識から、自分を高く見て他者を軽視する慢心」を意味します。仏教の煩悩の1つとされています。ですので、「我慢」とは、もともとの意味からすれば、「自分のわがままを押し通す。強情を張る」といったことになります。

「忍耐」と「我慢」の違いは、私の考えを書きますと、他者の幸福、他者貢献を含めた意義深い目標・目的を達成するために辛さ、苦しさを耐え忍ぶ」ことが「忍耐」で、「自己中心的なわがまま、我意をごり押すためにじっと耐える」ことが「我慢」になります。つまり、他者の存在、他者貢献という目的の存在の有無や、自己中心的になっているかどうかが、「忍耐」と「我慢」の違いの基準になると考えられます。

このようなことを踏まえると、「忍耐」という強みには、他者貢献を前提にした意義ある目的・目標を達成する役割を果たすといった特性があると思います。

■「忍耐」の職場での活用法

①目標達成が困難で、長期間を要するプロジェクトに進んで参加する

忍耐の強い人は、実現可能性が低い目標、途中で心が何度も折れそうになる長期間のプロジェクトを前にしても、心が折れることなく、着実に目標実現に向けて仕事をこなします。そのような困難で長い期間のプロジェクトがあれば、進んで参加してみてください。プロジェクトの進行に責任を持つリーダーとして活躍するのも良いと思います。

②目標達成に向けたチームの規範づくりを買って出る

忍耐の強い人は、目標達成に向けて、どのようなときにどのような物事を耐え忍ばなければならないか、把握している場合が多いと思います。目標達成に向けた組織・チームの規範づくり、ルールづくりを買って出て、チームの仲間と話し合いながら、組織・チームの規範・ルールを作成してみてください。

③ストレス源となる取引先、お客様、上司との対応を引き受ける

忍耐の強い人は、ストレス耐性も強い傾向にあります。目標達成に向けて耐え忍ぶという軸はぶれないので、周囲のさまざまな雑音、非難、批判、ときには罵詈雑言、甘言までも冷静に客観的に受け止め、軸をずらすことなく対応することができます。

忍耐力の強い人は、ストレス源となりうる取引先、お客様、上司との対応を引き受けてみて

ください。また、対応する仲間の傍らにいて、仲間のストレスの管理を助けてあげてください。

■「忍耐」の誤った使い方

忍耐の強い人は、往々にして自己犠牲を払い、自分の欲求を抑えがちになります。目標達成に向けて自分の楽しみをも犠牲にするような忍耐をすると、肯定的な楽しい気持ちが少なくなり、生産性も上がってきません。悪魔の甘い誘惑にのるのではなく、ときおり、自分の心の中の天使の建設的なささやきに素直に耳を傾け、適度に余暇を楽しんだり、休息に充てたり、美味しいものを仲間と食べたり、美味しいワインを飲んだりしてみてください。それらは、目標達成に向けて無駄なことではなく、むしろ必要なことなのです。

自分の捉え方を重視して、仲間にも自己犠牲や禁欲的な忍耐を強制しないようにしてください。かえって逆効果で、忍耐も度が過ぎると生産性が激減します。

⑱ 改善性

物事を見て効率よい方法、最適な方法を常に考えている人。他人の無駄な動きや、動線の非効率さが気になる人。より楽な方法を常に考え、実行している人。通常の考え方とはまったく異なる視点で最適な道具の使い方や作業の進行プロセスを見つけることができる人。

これらのいずれかに当てはまる人は、「改善性」という強みを持っている人です。

仲間と共同作業をしているとき、周囲にまったく馴染めず、一見、怠けているとしか思えない人を見かけたことはないでしょうか。このような人の中には、作業が嫌いで怠けているのではなく、作業効率の無駄さ、作業プロセスの非効率さが目につき、もっと簡単で楽な方法があるのになぜしないのかと不満を持っていて馴染めない場合もあると思います。そのような人を見かけたら、作業に入るように注意する前に質問してください。

「もっと楽にできる方法を知っているの？　提案してくれる？」と。

■「改善性」の特性

「改善」とは文字通り、「悪いところ、劣ったところを改め、よくすること。行為」を意味します。

「改善性」の強みは、日本の製造業において、戦後から現在に至るまで、品質管理の活動に威力を発揮しています。

日本の製造業での生産設備の改造、工具・道具の新作、製作などの業務効率の向上、作業安全性の確保、製品の品質不具合防止など、生産活動全般の効率化、生産性向上に、「改善性」という強みは役立っています。また、製造業に限らず、事務管理業務などの効率化にも「改善性」

コ・ラ・ム

「改善（Kaizen)」を世界共通用語としたトヨタ生産方式

日本の製造現場にみられる品質管理（QC）活動を表現する言葉として「改善」は、今や、「Kaizen、カイゼン」という英語にもなっています。それは、トヨタの製造現場における組織マネジメント、いわゆる「トヨタ生産方式」が世界中に紹介され、その活動を象徴する言葉として「改善」が広まったからです。

トヨタ生産方式では、ムダを「付加価値を高めない各種現象や結果」と定義しており、このムダをなくすことが重要な取り組みとしています。なくすべき代表的なムダを次の７つとしています。

①作り過ぎのムダ、②手待ちのムダ、③運搬のムダ、④加工そのもののムダ、⑤在庫のムダ、⑥動作のムダ、⑦不良をつくるムダ

さらに、これらのムダをなくさない、改善しないことを８つのムダとする場合もあるようです。

徹底して作業の効率を改善し続ける姿勢が伺えます。

は機能する特性があります。

■「改善性」の職場での活用法

① 常に効率的なアイデアを出す

「改善性」という強みを持つ人は、非効率的な作業プロセス、非効率的な道具の使い方、人の配置などにとても違和感、不快感を持っています。そして、その違和感、不快感を解消するアイデアを常に考えているはずです。

　職場の中の作業プロセスの非効率性、道具の使い方や人の配置の非効率性を解消する方法、作業プロセスを最適化する方法などを、職場の上司、仲間に、敬意を払って伝えてみてください。

② 自分のデスク周りをきれいにし、チーム内のデスクの最適な配置を提案する

「改善性」の強い人は、自分の仕事を最適化することを自然に振る舞えるため、周囲を整理整頓している人が多いと思います。自分のデスク周りを作業しやすく常にきれいにし、それを職場の仲間に見せてください。また、作業効率を上げるためのデスク周りの整理の仕方について、アドバイスを受ければ喜んでアドバイスをしてあげてください。

　さらに、職場のデスクの配置など、動線について、効率性、生産性の面で違和感を持ったら、

最適な配置を提案してみてください。

■「改善性」の誤った使い方

「改善性」の強い人は、職場の無理無駄、仲間の不注意なミス、エラーを簡単には許せない、受け入れられない場合が多いように思います。職場の非効率なところ、無駄な部分を見つけても、イライラせず、まずは寛容に受け止めてください。誰しも最初から効率的に仕事をできるわけではなく、人間だったら誰しもミスを起こします。非効率さやミス自体を許容して放置するのではなく、完璧な状態は最初から存在しないと捉え、これからの効率化、ミス発生の防止に「改善性」を役立ててください。

また、たとえあなたが考える改善提案の方が適しているとしても、それを絶対視しないでください。周囲に受け入れられない「改善性」は、効率化とは逆効果を起こし、周囲の仲間から拒絶されれば、それだけで一気に生産性が下がり、ますます非効率になる可能性もあります。

⒆ 勤勉性

コツコツと物事を積み上げて努力を続けるのが好きな人。一度始めたことは貫徹できる人。時間を忘れて仕事に取り組める人。

これらのいずれかに当てはまる人は、「勤勉性」という強みを持っている人です。

私たち日本人は、「勤勉性」を強く持つ人が多いように思います。日本人は、他の国の人々と違って、器用で、与えられた職務を一生懸命全うし、良い成果を得るため努力し続け、ハードワークを厭わない人が多いと一般的には見られています。また、子供のころから、日本人は、「勤勉性」を美徳の1つとして教育されてきたと思います。「勤勉性」は、日本人の国民性を表す強みでもあるようです。

■「勤勉性」の特性

「勤勉」とは、「仕事や勉強などに、一生懸命に励むこと。また、そのさま」と辞書に書かれています。忍耐や改善性と同じように、目標達成に向けての原動力になる特性を備えています。

「勤勉性」を活用すると、人は目標を達成するまで一生懸命働き、努力し続けます。途中で挫折することなく、地道に粛々と作業を継続し、時間を忘れるときもあるくらい仕事に集中します。

一度掲げた目標、理想像を実現するための静かで大きなエネルギーを生み出し続ける強みが、「勤勉性」なのです。

■「勤勉性」の職場での活用法

①地味だけど重要で、継続性を要求される業務を買って出る

「勤勉性」という強みを持つ人は、どのような業務であれ、地道にコツコツと作業を進めることができます。職場の業務において、とても重要で大事だけど、継続性を要求される業務、地味過ぎて他の人がやりたがらない業務を買って出てみてください。

そのような業務が進まなければ他の業務が円滑に動かないのであれば、あなたの「勤勉性」は職場の仲間に貢献したことになり、あなたは仲間から感謝されます。

②長期間を要するプロジェクトに参加する

「勤勉性」の強い人は、どんなに実現まで長い時間がかかる仕事においても、決して諦めたり、途中で放り投げだしたりすることはありません。長期間かかるといったことを忘れているかのように、集中して黙々と作業を続けることができます。

このような人が、長期間のプロジェクトに多くいれば頼もしいですよね。「勤勉性」の強い人は、長期間を要するプロジェクトに積極的に参加し、存分に強みを発揮してください。

③スキマ時間に余裕があれば、困っている仲間の作業を補助する

ハードワークを厭わないので、「勤勉性」を強く持つ人は、仲間の作業のサポートも嫌がらずに喜んで行います。自分のスキマ時間に余裕があれば、作業の進行が遅れて困っている仲間の作

業を助けてあげてください。

■「勤勉性」の誤った使い方

「勤勉性」の強い人に注意しなければならない点は、仕事中毒（ワーカホリック）になることです。自分の健康や大事な時間を犠牲にしてまで「勤勉性」を活用しないでください。仕事に集中するときには「勤勉性」を発揮し、そうでない時間は、遊んだり休息したりしてリラックスするなど、仕事とそうでない時間とのバランスをとってください。

⑳ 向学心

学ぶことがとにかく好きな人。読書をするのが好きな人。新しい情報を常に吸収している人。どんな状況でも学びの場と捉え、どんな物事からでも学びを得ることができる人。

このような人は、「向学心」という強みを持っている人です。

■「向学心」の特性

「向学心」とは、「学問に励もうと思う気持ち」を指します。「学びに向かわせる心、気持ち」は、人に学習の重要性に気づかせ、どのような状況でも常に学びを継続する推進力になります。

ドイツの理論物理学者で相対性理論を発見したアルバート・アインシュタインは、「学べば学ぶほど、自分が何も知らなかったことに気づく、気づけば気づくほどまた学びたくなる」といった名言を残しています。学びは、知らなったことを知るという確かな成果が得られます。「無知」を「知」に変えることができれば、人は、より生活が豊かになり、幸福になることができます。そうなれば、ますます満足したいため、さらに学習をすることになります。

人は、新しいことを成し遂げるとき、目標を達成したいとき、現状よりもより良い状況に変化したいとき、よりよく成長したいとき、そして幸福になりたいとき、指針となる知識を必要とします。「向学心」は、人を新たなステージへと成長させ、幸福になるための最初の一歩となる特性があります。

■「向学心」の職場での活用法

①職場の仲間、他部署の活動など社内の良いところから学ぶ

「向学心」の強い人は、あらゆる場所であらゆる物事から学びを得ることができます。そのような人は、社内での仲間の言動や他部署の成果、業績に至るまでのプロセスなどから、良いところを学び取り、吸収し、自分の仕事に生かすことができます。

社内の良いところから学び、それが自分の仕事にとってとても有益なものになれば、新たな

知見を与えてくれた仲間や他部署に感謝を示してください。

② 社外の学びの場に積極的に参加し、新しい情報を得る

「向学心」の強い人は、社内に押し込められることを好まず、新たな知見を得られるようであれば、積極的に社外に出ることを好みます。社外の研修の場、学会やシンポジウムに参加できる機会があれば、積極的に参加し、新鮮な情報を得るようにしてください。

③ 吸収した知識、新しい知見を社内で共有する

社内外で得られた新たな知識、ネットで調べたり読書をしたりして得た学びを社内でわかりやすく紹介し、共有してください。新たな学びは、他者にわかりやすく説明してこそ、理解の定着が図られ、仕事に生かすことができます。

■「向学心」の誤った使い方

「向学心」の対象となるものは、偏見を持たず、あらゆるものを学んでください。自分でフィルターをかけて、「これは役に立たないだろうから」とか、「これは私には合わない」という理由だけで、学ぶ対象を選別せず、あらゆるものからバランスよく学習し、知識を吸収してください。成功した体験からでも、失敗した体験からでも学べることは多いはずです。

他者に「向学心」を強要することはやめてください。強制的な学びほど、身に付かないもの

はありません。

■まとめ

目標達成に役立つ強みとその活用法をまとめると、次のようになります。

強み	職場での活用法
⒁勇気	①ファーストペンギンとなって誰もが敬遠する新たな仕事にチャレンジする。 ②新しい市場、新しい取引先を開拓する ③同僚・後輩の背中を押し、勇気づける。
⒂計画性	①自分の目標達成に向けた計画を細かく立てる。 ②仲間やチームのプロジェクトのスケジューリングのお手伝いをする。 ③自分の計画作成方法を職場に広める。
⒃知識	①職場の仲間にアドバイスをする。 ②経験知・暗黙知を形式知に変えるお手伝いをする。 ③見聞を深め、さらに経験知を積み上げる。
⒄忍耐	①目標達成が困難で、長期間を要するプロジェクトに進んで参加する。 ②目標達成に向けたチームの規範づくりを買って出る。 ③ストレス源となる取引先、お客様、上司との対応を引き受ける。

⒅改善性	①常に効率的なアイデアを出す。 ②自分のデスク周りをきれいにし、チーム内のデスクの最適な配置を提案する。
⒆勤勉性	①地味だけど重要で、継続性を要求される業務を買って出る。 ②長期間を要するプロジェクトに参加する。 ③スキマ時間に余裕があれば、困っている仲間の作業を補助する。
⒇向学心	①職場の仲間、他部署の活動など社内の良いところから学ぶ。 ②社外の学びの場に積極的に参加し、新しい情報を得る。 ③吸収した知識、新しい知見を社内で共有する。

4 モチベーションを高めるのに役立つ強み

モチベーション（motivation）という言葉の意味は、辞書では「人が何かをする際の動機づけや目的意識」とあります。日本では「動機づけ」と訳されることが多いですが、モチベーションという方が一般的に使われていますね。

モチベーションには、2種類あると言われています。1つは外発的モチベーション、もう1つは内発的モチベーションです。

外発的モチベーションとは、外部からの強制、義務、賞罰などによってもたらさせる動機づけです。ビジネスの場では、「これを達成できれば特別ボーナスをもらえる」とか、「この仕事を成し遂げれば昇進できる」とかの理由が仕事のモチベーションになるもの、いわゆる〝アメとムチ〟で発生するやる気、動機が外発的モチベーションです。

内発的モチベーションとは、仕事や遊びの内容に面白さ、充実感、使命感を感じ、それらに対して自らの意欲と好奇心を持ってもたらさせる動機づけのことを言います。

人間は、一般的に外発的モチベーションよりも内発的モチベーションによって動いている方が、集中力が高く保たれ、ミスが少なく、良い結果につながるという調査結果が出ています。学習過程における調査結果から、「テストで良い点をとるため」、「新しいゲームを買ってもらうため」という外発的モチベーションでテストに臨む子供よりも、「大好きな科目がある」「新しいことをもっと知りたい」といった内発的モチベーションでテストに臨む子供の方がテストの結果が良かったとの報告があります。

つまり、モチベーションを高めるには、外から与えられるアメやムチよりも、心の中にある意欲、熱意を高める方が効果があるということになります。

では、内発的モチベーションを高めるには、どのような「人格の強み」を活用すればよいのでしょうか。私は、㉑競争心　㉒熱意　㉓行動欲　㉔社会的知能　㉕楽観性　㉖希望といった強みが、内発的モチベーションの向上に役立つと考えています。

(21) 競争心

囲碁や将棋、スポーツなどの勝負ごとが大好きな人。とにかく負けず嫌いな人。他者の成功をみて自分はもっと成功できると思える人。競合他社の存在にしり込みせず、必ず超えると思える人。

これらのいずれかに当てはまる人は、「競争心」という強みを持っている人です。

■「競争心」の特性

「競争心」の意味は、辞書によると、「他と張り合って勝ちたいと思う気持ち」とあります。ビジネスは、競合他社とのお客様の取り合い、奪い合いと捉えれば、「競争心」はビジネスにおいてなくてはならないものともいえるでしょう。また、会社内でキャリアアップするには、ライバル視する同僚、仲間の業績を超えた仕事をする必要があります。会社での出世にも「競争心」といった強みは活用することができます。

「競争心」を持つことは、他者の存在に目を向けさせることになります。私たち人間は、他者の存在がなければ生きていけません。また、他者の存在がなければ、今の自分の状態、能力、ポジションといったものを客観視できないのです。

アドラーは、他者よりも劣っている感覚を劣等感と定義しました。そして、自分の今持っているもの（資質、能力など）を活用して劣等感を克服した理想の自分像を目指す行為を健全なライフスタイルと説いています。

つまり、「競争心」は、「ライバルに勝ちたい」といった動機を生みますが、「劣等感を持つ自分に勝ちたい、劣等感を克服したい」といった動機をも生み出します。劣等感を持つ今の自分を競争相手にするわけです。

したがって、「競争心」という強みは、健全に活用すれば、「今の自分を理想的な自分に高める」といった内発的モチベーションを生む特性を備えていると考えています。

■「競争心」の職場での活用法

①今の自分を超える動機づけに活用する

「競争」というと、どうしても競合相手（ライバル）に勝つことだけに視点がいきがちですが、その前に、今の自分を超え、かつライバルよりも優れた理想の自分を目標に掲げ、その理想の自分を競争相手としてください。「競争心」を理想の自分に達すること、理想の自分に競り勝つことに活用してください。そうすれば、結果的にあなたはライバルを超えることになります。

② 競合他社とのコンペティションの場に参加する

「競争心」の強い人は、社内外のコンペなど、勝ち負けがはっきりする場に居合わせるのがとても好きなはずですし、存分に実力を発揮するはずです。ですから、そのような方は、競合他社とのコンペ案件などがあれば、積極的に参加するようにしてみてください。

ただし、このコンペも、「競合他社に勝つ」という視点よりもむしろ、「クライアントの最も渇望する最適な提案をわが社がする」という視点で臨んでください。つまり競り合う相手は競合他社よりも、「クライアントに満足いただける自社」に目を向けるようにしてください。

③ 勝者を心から称賛する

「競争心」の強い人でも、常に勝者になるとは限りません。むしろ負ける場合の方が多いと思います。ライバルとの競争に負けたとき、ただちに勝者を心から称賛、祝福をしてください。そして、勝者であるライバルを超える自分を理想像、目標に掲げ、それに向けて「競争心」を活用し、内発的モチベーションを高めてください。

■「競争心」の誤った使い方

競争に勝ったとき、敗者をさげすむような言動はしないようにしてください。敗者は、たまたま今回の競争に負けただけで、素晴らしい能力を持つあなたのライバルになりうる優れた資質を持つ相手なのです。そのように捉えて、敗者にも最大限の敬意を示してください。

また、競争に負けたときには、勝者に嫉妬心を抱かないようにしてください。一瞬でも嫉妬の気持ちが芽ばえたら、ただちに称賛や祝福に変えてください。なぜなら、嫉妬心といったネガティブ感情からは、生産的なモチベーションは生まれないからです。

(22) 熱意

心身ともに常に健康な人。いつも元気いっぱいな人。エネルギッシュで疲れを知らない（ように見える）人。情熱的に周囲に働きかけ、他者に話しかけ、他者を元気づける人。また、他者を元気づけることが大好きな人。

このような活力あふれる情熱的な人は、「熱意」という強みを強く持つ人です。

■「熱意」の特性

「熱意」の強い人は、自分の心の中に、常に「情熱」の火を灯しています。それによって、いつも肯定的な気持ちを保ち続けることができる人です。「熱意」は、どのような状況においても高いレベルで肯定的な状態を維持できるといった特性が備わっています。

「熱意」の強い人は、存在するだけで周囲を明るくすることができます。組織やチームが逆境や試練にさらされても、「熱意」の強い人がいるだけで、否定的で悲観的な雰囲気が一掃され、逆境や試練を克服しようという前向きな気持ちが芽ばえます。「熱意」には、そのような特性も含んでいます。

■「熱意」の職場での活用法

① 情熱の火を仲間に分け与える

「熱意」の強い情熱的な人は、とても健康的でエネルギッシュで、疲れを知らないかのように元気だし、およそ落ち込んだりしないように見えます。声も大きく、周囲の人たちの良い面、肯定的な面を話して好感が持てる人が多いようです。

このような情熱の火を常に心の中に灯している人は、職場の仲間の心の中に、その情熱の火を分け与えてください。普段通り職場で過ごしていることが、すでに情熱を分け与えている行為になっていると思いますが、意識して、職場で落ち込んだり肩を落としたり憂鬱そうな人がいたりすれば、勇気づけ励ましてください。

② 情熱的な人を増やす

「熱意」の強い情熱的な人には、同じように情熱的な人が集まりやすくなっています。また、仲間の隠された「熱意」を引き出し、伸ばすことが上手な人が多いように感じます。

所属する組織やチーム内で、「熱意」の強い情熱的な人を増やすように働きかけてください。そして、組織全体のポジティビティ（肯定的な状態）を高めてください。そうすることによって、組織全体のモチベーションが高まり、組織の生産性が向上します。

■「熱意」の誤った使い方

「熱意」が空回りするような活用はしないでください。あなたの情熱を受け入れる準備ができていない仲間に情熱の火を灯すようなことは避けてください。つまり、情熱の押し売り、強制は控えてほしいのです。

また、自分の「熱意」によって、自らの心身を燃やし尽くすことはやめましょう。燃え尽き（バーンアウト）を起こさないギリギリのところで「熱意」を活用するようにしてください。

ドイツの心理学者、ビクトール・フランクルは、「What is to give light must endure burning.

（輝きを与えるものは、自らの熱傷にたえなければならない）」という言葉を残しています。情熱を周囲に与えすぎるあまり、自分を燃え尽くすことは避けてほしいものです。

㉓ 行動欲

考えるよりもまず行動を起こす人。すぐに動く人。企画やアイデアがひらめいたとたん、ただちにアクションを起こす人。休みの日でもじっとしていられず、活動的な人。

これらのいずれかに当てはまる人は、「行動欲」という強みを持っていると言えます。

■「行動欲」の特性

どんなに素晴らしい企画を立てても、実行に移さなければ、企画は形になりません。また、目指したい理想像を描き、目標に設定しても、行動しなければ、目標を達成できませんし、チャンスも生まれません。

「行動欲」という強みは、企画やアイデアを実現したり、理想像・目標を達成したりする推進力となります。また、それらを含めた内発的モチベーションを高め、維持する原動力となる特性も備えているのです。

■「行動欲」の職場での活用法

①アイデアがひらめいたらすぐさま行動する

自分のかかわる仕事に関して、新たなアイデアや企画がひらめいたら、とにかく行動に移してください。考えを深めて構想を練り込む作業も大事ですが、すぐ行動に移すことで、実現可能性が高いのか、アイデアのほころびがあるかとか、大事な情報を得ることができます。

なによりもすぐ行動に移すことで、企画やアイデアの実現に向けた第1歩をスタートすることができたので、その時点で理想に近づいているといった実感と自信が芽ばえるはずです。

②周囲を巻き込む

「行動欲」の強い人は、組織やチームの仲間を否応なくアクションに巻き込みます。職場のチーム内で、新たな企画が決まりそうなとき、「行動欲」溢れるアクティブな人は、ただちに行動しますので、チームのメンバーは、それに引きずられて企画を進行せざるを得なくなります。ぜひ、良い形で、周囲を行動、実行に巻き込んでください。

慎重に企画や戦略を練り上げるのも大事です。ただ、戦略策定の作業と行動は同時進行でもよいのです。まずは小さく行動に移し、失敗したり行き詰まったりしたら戻って修正すればよいのですから。うまくいかない要因がわかっただけでも、すぐに行動した価値はあります。

それ以外にも、すぐに行動に移して周囲を巻き込むことは、チーム内のメンバーが抱くかもしれない不安感（企画を進めてもうまくいかない、失敗するのではないか）や、恐怖感（企画が失敗したらどうしよう）といったネガティブ感情を根こそぎ払しょくしてくれます。一生懸命に行動していれば、不安や恐怖を感じる暇などないですし、企画が進行したという実感があれば、結局、考えたけれど何も実現しなかったという無力感、徒労感はなくなるはずですから。

■「行動欲」の誤った使い方

企画やアイデアがひらめいたり、決まりかけたりしてすぐに行動することは大事ですが、1つの行動の選択肢に限って行動しないでください。アイデアを実現するため、試すための複数の方法を行動に移すようにしてください。愚直に1つの行動パターンだけを試すことは、「行動欲」が空回りしている状況です。

周囲を巻き込む際には、拒絶反応の高いメンバーを無理やり巻き込むようなことはしないでください。そのような人は、「行動欲」以外の別の強みを持っているはずですので、その強みを生かすように働きかけてください。

⑵④ 社会的知能

他者の感情や思考、捉え方を察することができる人。周囲と健全で良好な関係を築くのに他者理解の能力を役立てる人。複雑な社会状況を客観的に捉え、偏見を持たず事実を説明できる人。自分の思考、解釈、判断を効果的に周囲に説明できる人。

これらのいずれかの人は、「社会的知能」の強みを持っている人といえるでしょう。

■「社会的知能」の特性

「社会的知能」という強みは、一般に日本人にはなじみの薄いものと思います。ですから、この強みを持っているか持っていないか、強いか弱いかは、すぐには判断できないでしょう。

「社会的知能（social intelligence）」は、１９２０年にアメリカ、コロンビア大学の心理学教授、エドワード・ソーンダイク博士が提唱した概念です。博士は、社会的知能を、「人々を理解し管理する能力であり、人間の世界でうまく生きていくために誰もが必要とするスキル」と定義しました。

最近では、アメリカの心理学者、ダニエル・ゴールマン氏が「社会的知能」について、「他者との関係において高い知性を発揮する能力」と再定義しています。

「社会的知能」の高い人は、置かれた社会的状況を客観的に捉える能力があり、それに対して最適な行動をとり、周囲にも最適な行動を促すことに長けていると考えられます。つまり、「社会的知能」という強みは、どのような状況でも自分と周囲の他者のモチベーションを維持し、最適な行動を促進する特性があるといえるでしょう。

■「社会的知能」の職場での活用法

① 職場の仲間に対する肯定的な評価を伝える

「社会的知能」を多く持つ人は、自分と他者の感情や出来事に対する解釈、捉え方を自然に苦もなく理解できます。そして、自分の能力、知性を活用して、どのような状況においても他者の肯定的な面を引き出し、それを的確に伝えて他者の自己効力感、自己肯定感を高める能力に秀でています。

そのような「社会的知能」を存分に活用し、職場の仲間の感情、思考を理解した上で肯定的な面を指摘し、内発的モチベーションを高める手助けをしてください。

② 組織、チームのメンバーに置かれている状況を客観的に説明する

「社会的知能」の高い人は、周囲の雑音に惑わされることなく、置かれている状況を客観的に捉え、それを周囲にわかりやすく伝えるとともに、状況から理想の状態に変化させる最適な方法

をも披露することができます。

特に所属しているチームや組織が逆境に置かれているようなとき、「社会的知能」を発揮して、チームの仲間に対して、過度にネガティブ感情に陥らないように状況を客観的に説明し、状況を打開する方法をいくつか提案してみてください。あなたの「社会的知能」のおかげで、仲間の気持ちは高まり、状況は一気に好転するはずです。

■「社会的知能」の誤った使い方

強みというものはすべて諸刃の剣のようなものなのですが、「社会的知能」ほど、使い方を誤ると、人を破滅におとしめるものはありません。なぜなら、この強みは、自分と他者の感情や思考を苦もなく理解するからです。他者の思考を理解し、そこに肯定的な面を指摘するのではなく、否定的な側面だけに焦点を当てると、他者は、自己否定、自己嫌悪に陥り、ネガティブ感情が充満し、自信や自尊心が低下して何事もやる気がなくなってしまいます。ですから、社会的知能は、自分と他者の幸福や成長を促すことに活用してください。

㉕ 楽観性

半分ほど水が入っているコップをみて、「まだ半分も残っている」と思う人。快晴の日に突然ゲリラ豪雨にあい、びしょぬれになっても「今日だけたまたまあったので、次はこんな目にあわない」と思える人。どんな状況でも肯定的な可能性を見いだし、前向きな人。どんなことでも自分は成し遂げることができると自信を持っている人。

このような人は、「楽観性」という強みを持っている人です。

■「楽観性」の特性

「楽観性」とは、「物事をすべて良いように考え、将来について明るい見通しを立てる性質」を言います。

ポジティブ心理学では、楽観主義は研究テーマとしてよく取り上げられています。

楽観主義と悲観主義の違いは、出来事に対する説明の仕方で判断できると、ポジティブ心理学者、マーティン・セリグマン博士は説いています。つまり、悪い出来事、例えば、ある試験に不合格になるといった出来事にあうと、楽観主義者は、「試験の問題がひどく難しかったからだ」（自分以外の外的な理由）とか、「今回不合格でもまったく問題ない。次の試験で合格すればよいのだから」（一時的な理由）とか、「昨日は誕生日だったので昨夜遅くまでパーティーしてたからかな」（限定的な理由）などと言って、不合格になった理由を説明します。一方、悲観主義者の説明の仕方は、その逆で、「すべて私のせいだ。準備不足だったんだ」（内向的な理由）、「これからもこの試験には合格できないだろう」（永続的な理由）、「この試験に受からないので私の夢は終わったも同然だ」（普遍的な理由）とかを理由に話します。説明の仕方の違いをみるだけでも、その人が「楽観性」を持っているかどうかがわかりますね。

「楽観性」の強い人は、困難な状況になっても悲観主義者よりもネガティブな感情が少なく、状況に上手く対処することができます。また、困難な状況の中の肯定的な面に焦点を当てて解決策を導くこともできます。

「楽観性」は、逆境にあっても自分と周囲を鼓舞し、目標達成に向けた内発的モチベーションを高める特性を持っていると言えます。

■「楽観性」の職場での活用法

① 逆境にあった仲間やチームに、状況の肯定的な側面を教える

個人や組織が困難な状況や逆境にあうと、不安や恐れなどのネガティブ感情が起こり、悲観的な思考に陥ることが多いと思います。「楽観性」の高い人は、そのような状況でも、前向きに

肯定的に捉えることができます。

楽観主義者が自然に話す説明の仕方を使って、どのような困難な状況でも肯定的に捉えるように仲間やチームに伝え、モチベーションを鼓舞してください。

② 肯定的な解決策を提案する

「楽観性」の高い人は、困難な状況でも、将来に対し明るい見通しを描くことができます。逆境にさらされた状況においても、それを克服し、将来の理想像に達する最適な解決法を仲間に提案してみてください。

■「楽観性」の誤った使い方

企業研修で強みを発見するワークをさせていただくとき、「楽観性」という強みを否定的なものとして捉えている人に出会うことがあります。理由を伺うと、多くの場合、「楽観性」を「楽天性」「楽天主義」と誤解しているようです。

「楽天主義」も、本来は、「楽観主義」の訳語の1つで同じ意味のはずですが、日本で一般的に広まっている意味は、似て非なるもののようです。

「楽観主義」とは、現実を否定的な側面も肯定的な側面も含めてありのままに受け入れ、肯定的な状況と捉え直して前向きに課題解決、目標達成する思考です。一方、「楽天主義」は、困難

コ・ラ・ム

キューバ革命を成功に導いたフィデル・カストロの楽観性

革命を成し遂げた政治家、社会運動家の多くは、極めて楽観性の強い人がみられます。革命を起こして政権を打倒する目的を果たすには、悲観的な考え方では実現が難しいのでしょう。

キューバ革命を成功に導いたフィデル・カストロも、楽観性の強い革命家の１人です。

1956年11月、カストロ率いる革命軍は、定員12名のヨット、「グランマ号」に82名の兵士を乗せ、キューバ島に上陸しようとしました。カストロの実弟のラウルや、右腕となるチェ・ゲバラも同乗しています。

兵士を乗せた船は、当時のバティスタ政府軍の待ち伏せにあい、激しい攻撃を受け、82名の兵士は20名足らずまで減ってしまいました。

命からがら上陸した兵士を前にしてカストロは、「銃は何丁残っているか？」と尋ねました。わずか２丁残っていることを確認したカストロは、その２丁を持ち、「これでバティスタの命は尽きたようなものだぞ‼俺たちはきっと勝つ‼」と言い放ったそうです。これを間近で聞いたゲバラは、さすがにカストロは発狂したと思ったほどでした。

壊滅的な状況においても、前向きに勝利を疑わないカストロの「楽観性」の強さを表すエピソードです。ポリアンナかもしれませんが、実際にキューバ革命を実現したのは事実ですね。

な状況にあるという現実を直視することを避け、脅威を無視し、気楽に構えて状況を打開する行動をとらない思考になります。

心理学の症状に「ポリアンナ症候群」があります。それは、「直面した問題の中に含まれる（微細な）良い部分だけを見て自己満足し、問題の解決をせず、現実逃避すること」という症状になります。

「楽観性」を活用するときは、ポリアンナにならずに、楽天主義にならないようにして、現実を直視し、課題の解決、目標の達成に前向きに動いてください。

㉖ 希望

常に未来に明るい望みを抱いている人。将来なりたい理想像、実現したい未来を具体的な絵にして描くことができる人。どのような状況に置かれても、望み通りになると前向きな見通しが持てる人。

このような人は、「希望」という強みを常に持っている人といえるでしょう。

■「希望」の特性

「希望」とは、「未来に望みをかけること。望みどおりになるだろうというよい見通し」を指します。

カンザス大学の心理学教授、チャールズ・スナイダー博士は、「希望」を概念化し、希望理論を提唱しました。

彼は、希望を「目標は達成できるという期待感」と捉え、希望のある状態とは、

1．自分が実現したいと望む具体的な目標がある。
2．目標を実現する能力と意志力を持っている。
3．目標に到達する見通しや計算がある。

この3つの要素が備わっている状態と唱えています。

このような希望理論から、「希望」という強みには、目指すべき明るい将来像を目標として具体的に描くことができ、それを実現できる方法と内発的モチベーションを維持する特性が備わっていると考えられます。

■「希望」の職場での活用法

①職場の組織・チームの目指す理想像を可視化する

「希望」を強く持っている人は、目指すべき理想の状態を常に心に描いているので、それを具体的に絵に描き、可視化することができます。その強みを活用して、所属する組織の目指すべき目標を設定し、それをより具体化して仲間と共有できるように可視化してみてください。

②組織・チームの目標を達成する見通し、道筋を提案する

「希望」を強く持つ人は、希望がかなった理想の状態だけでなく、達成する道筋をも明確に描けることができます。組織・チームの目標となる理想の未来像を可視化するだけでなく、そこに至る道筋、見通しも具体的に可視化し、仲間と共有してみてください。

■「希望」の誤った使い方

スナイダーの希望理論の3つの要素には、実現したいと望む具体的な目標、それを実現する意志力、それに到達する道筋があります。「希望」という強みを活用するときは、この3つの要素がそろった状態で活用してください。実現したい目標はあっても、意志力が低かったり、見通しが見いだせないようでは、「希望」を正しく活用したことにはなりません。

■まとめ

モチベーションを高めるのに役立つ強みとその活用法をまとめると、次のようになります。

強み	職場での活用法
㉑競争心	①今の自分を超える動機づけに活用する。 ②競合他社とのコンペティションの場に参加する。 ③勝者を心から称賛する。
㉒熱意	①情熱の火を仲間に分け与える。 ②情熱的な人を増やす。
㉓行動欲	①アイデアがひらめいたらすぐさま行動する。 ②周囲を巻き込む。
㉔社会的知能	①職場の仲間に対する自分の肯定的な評価を伝える。 ②組織、チームのメンバーに置かれている状況を客観的に説明する。
㉕楽観性	①逆境にあった仲間やチームに、状況の肯定的な側面を教える。 ②肯定的な解決策を提案する。
㉖希望	①職場の組織・チームの目指す理想像を可視化する。 ②組織・チームの目標を達成する見通し、道筋を提案する。

5　商品やサービス、企画をつくるのに役立つ強み

企業は、規模の大小にかかわらず、常にお客様に接し続け、お客様にとって価値ある商品、価値あるサービスを提供し続けなければなりません。お客様に価値あるものをお届けするには、企業は、常に新たな価値を考え、創り続ける必要があります。

経営学者、ピーター・ドラッカーは、企業活動について、次のように言っています。

「企業の目的は顧客創造である以上、企業の基本的な機能はマーケティングとイノベーションの2つしかない」。

ドラッカーの言うマーケティングは、お客様を獲得し続けるしくみづくりや活動、イノベーションは、（お客様に提供する）新しい価値をつくる活動を指すと私は考えています。

「イノベーション（innovation）」は、日本語で「（技術）革新」と訳されることが多いのですが、私は、この訳には違和感を覚えます。本来の意味を表現していないのではないかと思えるからです。

イノベーションという概念を最初に唱えたオーストリアの経済学者、ヨセフ・シュンペーターは、イノベーションのことを「新結合（neue Kombination）」という言葉で表現しています。私は、どちらかというとこちらの言葉の方がしっくりきます。つまり、イノベーションとは、既存の価値をまったく新しい観点で組み合わせて新たな価値を創ることだと私は捉えています。

ではイノベーションを創造するにはどのようにすればよいのでしょうか。企業がイノベーションによって新たな価値ある商品やサービス、企画をつくるには、どのような強みが役に立つのでしょうか。

私は、「人格の強み」のうち、㉗好奇心　㉘審美眼　㉙創造性　㉚柔軟性　㉛ひらめき性・セレンディピティといった強みが、商品やサービス、企画をつくるのに有効と考えています。

㉗　好奇心

日常のちょっとしたことに興味を持ち、時間を忘れて関心を示す人。自分の既成概念にこだわらずに物事の新たな側面を見つける人。自分の理解の及ばない不思議な物事を見ると、そのしくみやカラクリについて探求したがる人。新しい場所、新しい土地に行くことを好み、新たな発見に時間を費やすことができる人。

これらのいずれかに当てはまる人は、とても「好奇心」の強い人です。

■「好奇心」の特性

「好奇心」は、辞書によると、「珍しいことや未知のことなどに興味を持つ心」を言います。また、「物事を探求しようとする根源的な心。自発的な調査・学習や物事の本質を研究するといった知的活動の根源となる感情」と定義されることもあります。

「好奇心」には、未知な物事に興味を示すだけでなく、すでに知っている物事の中の新たな魅力を発見し、興味を持つという特性があります。さらに、興味を持った物事の本質を調べ続ける、探求し続けるといった特性も備わっています。

新たな価値ある商品やサービスをつくる上で、その対象となるお客様が本当に望むこと、また新たな商品やサービスの本当の価値を探求することはとても大事です。つまり「好奇心」は、イノベーションを創り出す最初の一歩となる強みなのです。

■「好奇心」の職場での活用法

①お客様の本当の望むことを深く調べる

新しい商品やサービスを企画する前に、ターゲットとなるお客様の本当のニーズを調査することは極めて重要です。お客様は、日常生活やビジネスでどんな不満不便を感じており、どんな解決法を望んでいるか、お客様が本当に欲しているものとは何か。「好奇心」旺盛な人は、そのようなお客様の本当のニーズを探求する仕事に喜んで取り組むはずです。

「好奇心」を存分に活用して、ターゲット顧客のマーケティングリサーチを徹底して行ってください。

②自社の商品・サービスの本当の良さ、便益を深く調べる

「好奇心」の強い人は、自社の商品・サービスについても、深く掘り下げることを厭いません。社内外で一般的に広まっている評価にとらわれず、中立的な視点、まっさらな目線で自社の商品・サービスに興味を持ち、本当の良さやベネフィット（便益）を探求することができます。

自社の商品・サービスの新たな長所、ベネフィットを見いだすことに「好奇心」を活用してみてください。

③新たな価値を生む源泉を発掘する

「好奇心」の強い人は、自社の既存のお客様や既存の商品・サービスの本質を追求するだけでなく、誰もが考えていないようなところに興味を示し、その本質や価値あるものを発見することがあります。

「好奇心」旺盛な人は、会社のビジネス活動に関連しないものであっても、自分が最近気になって調べ出したもの、そこから見いだしたものを社内の仲間に話してみてください。商品企画、商品開発に関わる社員の方に話すとより効果が現れるかもしれません。そうすると、〝瓢箪《ひょうたん》

から駒〟的なイノベーションが生まれるかもしれません。

■「好奇心」の誤った使い方

「好奇心」の強い人は、なにか自分が不思議だなあ、面白いなあと思ったことに興味を示し、それに対して追求することを好みます。その逆で、自分が興味を持たないものには、探求する動機づけがなくなり、調査に身が入りません。

自分が興味を抱くものに対して、「好奇心」を活用してください。上司から、興味のない物事に対する調査を命じられたら、興味を持つように捉え方を変える努力をしてください。

(28) 審美眼

絵画や建築物、映画を見たり、音楽を聴いたり、小説を読んだりすることが好きな人。時間があると、美術館や博物館、映画館に足を運ぶのが好きな人。美しい自然の風景を眺めるのが好きな人。日常の何気ない光景の中や、普段接している人々の内なるものに美しさを感じ、見いだすことができる人。

このような人は、とても「審美眼」に優れ、その強みを持っている人です。

■「審美眼」の特性

「審美眼」とは、「真に美しいもの、優れているものを見分ける能力」という強みになります。

一般的にいわれる定義を広げ、私は、「審美眼」とは、「物事の真善美を見極める見識、能力」という捉え方をしています。物事が本物かどうか、善い物かどうか、美しいかどうか、それらを客観的に判断できる力が「審美眼」と解釈しています。

「審美眼」には、方向性の基準が明確になり、ぶれないといった特性が備わっています。また、物事を尊い方向、正しい方向、美しい方向へ導く指針となる特性も含まれています。なぜなら、「真善美」は、人間の普遍的な最高の価値を表すもので、「審美眼」を活用することは、「真善美」を基準に物事を見極めるからです。

■「審美眼」の職場での活用法

①自社の商品・サービスの価値が正しいものか美しいものかを判断する

「審美眼」を活用し、自社の既存の商品・サービス、新しい商品・サービスを見て、それらが提供する価値が、多くの人々に正しい貢献ができるものか、美しいと感じられるものかを判断してください。

自社の商品・サービスが、対象となるお客様には評価されるが、対象から外れた人々には、悪い影響を与えるものであったり、醜悪なものであったりすれば、一時的に収益は上がるかもしれませんが、広い意味では、企業イメージが損なわれ、将来収益が下がる可能性もあります。

「審美眼」を存分に活用し、自社の商品・サービスに普遍的な善と美が備わっているか判断し、仲間に伝えてください。

② 自社の商品・サービスの形状の歪み・不備、製作工程や提供手順の歪みを審査する

「審美眼」を強く持つ人は、物事の正しくない部分、美しくない部分に嫌悪感を覚えます。そして、広く一般に受け入れられる正しさ、美しさの基準を持っています。

「審美眼」を活用して、自社商品の形に歪みや不備がないかどうか、自社サービスの提供手順に美しくない、スマートでない部分がないか、それらの制作工程はスマートかどうかを審査し、正しくなく美しくない部分があれば、改善するよう働きかけてください。

■「審美眼」の誤った使い方

自分の「審美眼」を絶対視せず、仲間の多様な価値観、「真善美」に対する多様な考え方・捉え方を受け入れるようにしてください。多様な美に対する考え方を受け入れた上で、自分の「審美眼」にもとづく考えを強制せずに伝えてください。

「審美眼」は常に日頃育て、伸ばすようにしてください。美しくないものばかりを見て「審美

眼」を鈍らすようなことを避け、美しい芸術や自然に触れ、日ごろから「審美眼」に磨きをかけてください。

㉙ 創造性

文章を書いたり歌をつくったり絵をかいたりすることが好きな人。衣服や建造物、インテリアのレイアウトデザインをつくるのが好きな人。アプリを自分でつくるのが好きな人。家電やパソコン、自動車やバイクなどの機器を見てしくみがどうなっているか気になり、分解してさらに組み立てるのが好きな人。あるいは、誰もが思いつかない新しいアイデアを出す人。固定観念にとらわれずに独創的な解決法を導き出せる人。

このような人は、いずれも「創造性」という強みを持っている人と言えます。

■「創造性」の特性

辞書によると、「創造性」とは、「新奇で独自かつ生産的な発想を考え出すこと、またはその能力」を意味します。

「創造性」は、独創的で新たな価値、イノベーションを生み出す原動力になる特性があります。「好奇心」がイノベーションの第1歩、「審美眼」がイノベーションの方向を決める指針・基準という特性であるならば、「創造性」は、イノベーションの原動力・推進力になります。

日本人は、この「創造性」を強く持っていると思います。日本の中小企業、町工場のモノづくりは、世界中で高く評価されていますし、食材の良さを引き出し、きめ細かい旨味を引き出す和食づくり、細部にまで緻密さと美しさを極める伝統工芸品は、他国ではまねできないものが多いようです。このようなところから、日本人の「創造性」の高さがうかがえます。

■「創造性」の職場での活用法

① 思いついたらすぐに創ってみる

「創造性」を強く持つ人は、常に独創的なアイデアを思いつきます。定型的でありきたりなアイデアを思いつくことを嫌い、他者と違うアイデア、新規性に富むアイデアを出すことに喜びを感じます。

職場では、思いついたアイデアがあれば、それをもとに何か創ったり、デザインを描いてみたりして、すぐさま創造的な活動に移してください。それを発表する場があれば、仲間と共有してください。

②　企画会議の場を活性化させる

新たな商品やサービスを企画する会議や、課題の解決法や戦略を策定する会議の場に参加してください。「創造性」の高い人が1人でもそのような会議に出席すれば、驚くほど会議が活性化し、独創的な企画のアイデアが次々と湧き出て楽しくなります。

特にブレーンストーミングのような形式では、「創造性」の高い人は、大活躍するでしょう。独創的でユニークなアイデアがポンポン出てくるはずです。そのような場で、「創造性」を思い切り活用してください。

■「創造性」の誤った使い方

「創造性」の高い人は、自分の独創的で新しいアイデアに酔うところがあり、他者のアイデアを受け入れないこともあります。他者のアイデア（それがあなたにとって定型的で退屈なものと思えたとしても）も尊重して受け止めてください。

「創造性」の強い人が、特にブレーンストーミングのような会議に出席する場合、アイデアを生み出す発言者に徹してください。アイデアをまとめるファシリテーターの役割は引き受けない方が良いと思います。

⑶⓪ 柔軟性

入って間もない組織の中に自然と溶け込める人。入社間もないのに十年選手のように周囲にすぐになじめる人。自分の方針や計画を他者に合わせて変えることができる人。自分の物事に対する信念、捉え方を持ちつつ、それに対しても疑問を持ち、常に自問し、内省できる人。物事を合理的、論理的に考えることができる人。

これらのいずれかに当てはまる人は、「柔軟性」という強みを持つ人と考えられます。俗にいう〝空気が読める〟人は、「柔軟性」という強みを強く持っていると言えるでしょう。

■「柔軟性」の特性

「人格の強み」としての「柔軟性」とは、「その場に応じた適切な判断ができること」を意味します。「状況に応じて臨機応変に対応し、自分の信念に固執することなく柔軟に他者の意見を尊重し、対応することができる性質」とも言えると思います。

「柔軟性」の特性は、「環境に適応できる」といった適応性が挙げられます。そのような場合の「柔軟性」は、特に、「社会柔軟性」、あるいは「環境適応性」といった用語の方がふさわしいと思います。

「柔軟性」には、他に、「他者の意見を合理的にとらえて自分の考えをそれに適合させる」という特性も備わっています。このような「柔軟性」は、「認知の柔軟性」と表現した方がよいと思われます。

「認知の柔軟性」は、日常生活や仕事のさまざまな局面でとても重要な強みです。人間関係を良好にしたいとき、感情をコントロールしたいとき、卓越したリーダーが組織を成長に導きたいとき、「認知の柔軟性」を正しく活用すれば、ほぼ目標は叶います。

商品開発の面でも「認知の柔軟性」は重要な役割を果たします。なぜなら、多種多様なアイデアについて、状況を踏まえて合理的に捉え、最適なアイデアに収束することができるからです。

■「柔軟性」の職場での活用法

①職場の仲間の意見に隠れた捉え方を合理的に判断し、良い面を共有する

「柔軟性」の高い人は、自分の物事に対する解釈、捉え方、認知に気づくことができるし、他者のそれをも把握することもできます。他者の意見やアイデアには、状況に対する解釈、捉え方が背景にあって出されます。じっくり考えたアイデアであれ、直感的なアイデアであれ、状況を必ず自分自身の視点（フィルター）を通してみて判断します。「柔軟性」の高い人は、他者のア

イデアに隠されたフィルターを見つけるのが得意なのです。

企画開発会議やブレーンストーミングのような会議の場で、仲間のさまざまな提案、アイデアについて、仲間の隠された認知、捉え方を合理的に判断してください。そして、状況に適した良い面があれば、それを共有してください。そのようにすることで、多様なアイデアの良い面が共有でき、新たな良いアイデアが生まれる可能性が生まれます。まさに「新結合」（イノベーション）が醸成されるのです。

② 自分の提案、アイデアについても論理的に再検討し、適合する部分を抽出する

「柔軟性」の高い人は、他者の捉え方、認知だけでなく、自分の物事に対する捉え方、認知を見つけることもできます。

自分の提案、アイデアを出した後で、自分に問いかけ、その提案、アイデアを出すに至った状況に対する捉え方を発見してください。そして、その認知、捉え方を合理的論理的に見直し、良い面、反論できる面などを検討してください。そうすることによって、職場の仲間の提案、アイデアに適応できる面、仲間の提案、アイデアのより適した部分が見え、仲間の提案、アイデアに賛成したり、あるいはそれと融合した最適なアイデアが生まれたりするかもしれません。

■「柔軟性」の誤った使い方

場をとりあえずまとめるために、他者の意見を合理的に吟味せずに適当に合わせる行動はやめてください。他者の意見は受け入れられないけれど、他者を脅威に感じて自分の意見を納得しないまま曲げたり、組織をまとめるために安易に自説を引っ込めたりしないようにしてください。それは「柔軟性」を正しく活用したことにはなりません。

(31) ひらめき性・セレンディピティ

神様が天からささやいたようなアイデアが突然ひらめいた経験を持つ人。物事の探求、観察に時を忘れて没頭し、偶然ふと別の視点でアイデアがひらめく人。自然に触れるような場所、パワースポットのようなところで、ふと、人生の意義、自分の人生観、価値観をぼんやりと感じることができる人。人生のさまざまな局面において、逆境を乗り越えた経験から、何か偉大な力の存在を感じる人。

これらのいずれかに当てはまる人は、「ひらめき性・セレンディピティ」といった強みを持っている人だと思います。

■「ひらめき性・セレンディピティ」の特性

「セレンディピティ」とは、「予想外のものを偶然発見したり、素敵な出来事に偶然あったりすること」、また、「何かを深く探求しているときに、探求しているものとは別の価値を偶然見つけること」を指します。この言葉は、イギリスの政治家、小説家のホレス・ウォルポールが1754年につくりあげた造語で、日本語訳しにくいのですが、よく「偶察力」と訳されることがあります。私は、あえて「セレンディピティ」を「ひらめき性」と訳しました。

「ひらめき性・セレンディピティ」の特性は、一見失敗にしか見えない結果から成功の要素を見いだし、それを結実させること」、「イノベーションの卵を育む」ことと私は思います。

実は、世にいう破壊的イノベーション（既存の価値・概念を根底から覆す発明・発見）や、科学史に残る発明・発見の多く（いやほとんど）は、「ひらめき性・セレンディピティ」から生まれたといっても過言ではありません。有名なところでは、世界初の抗生物質ペニシリンを発見したフレミングの例が挙げられます。

雑然とした実験室で、黄色ブドウ球菌が一面に生えているペトリ皿の培地にアオカビの一部混じっているのをフレミングは発見しました。普通でしたら、アオカビが混入した培地の黄色ブドウ球菌は実験には使いものにならないと廃棄するのですが、フレミングは、ふと、その培地を見ると、アオカビの生えている部分の周囲は透明になっており、黄色ブドウ球菌の生育が妨げられているのに気づいたのです。アオカビから何か殺菌物質が出ているのではないかと考えたフレミングは、アオカビを培養した培養液のろ過液から殺菌物質を抽出し、ペニシリンと名付けました。

あのとき、フレミングが「ひらめき性・セレンディピティ」を活用せず、アオカビが混入した培地を何の気もなく廃棄していたら、抗生物質ペニシリンの発見はかなり遅れていたのではないでしょうか。「ひらめき性・セレンディピティ」には、このように偶然にイノベーションを生み出す特性が備わっているのです。

■「ひらめき性・セレンディピティ」の職場での活用法

①　一見、失敗した試作品やアイデアを、別の視点から使用法を考えてみる

「ひらめき性・セレンディピティ」を持っている人は、商品の企画や試作品製作において、予想に反し、思うような結果がでなかったとしても、決して諦めません。転んでもただでは起きない人ばかりです。

当初の目的とした用途には達しない、満足しない企画、製品、アイデアについて、失敗して全然使いものにならないと思わずに、一度、別の視点で他の用途、活用法がないか考えてみてください。そこに偶然、新たな驚くべき活用法、用途が隠されているかもしれません。

② 一見、失敗した試作品やアイデアから生まれた微妙な変化を見逃さない

フレミングの黄色ブドウ球菌の培地のように、一見、失敗したと思われる出来事の中に、新たな発見、イノベーションの卵が隠されているかもしれません。失敗した制作物の中にある、微かな不思議な変化を見逃さず、その変化を探求してみてください。

■「ひらめき性・セレンディピティ」の誤った使い方

「ひらめき性・セレンディピティ」は、気持ちが焦っている状態、ネガティブ感情が充満した状態で活用すると、ひらめかない場合が多いです。焦った気持ちでひらめいてもいないのに、良いアイデアがひらめいたと苦肉の策を提示しないようにしてください。

新たな企画やアイデアをつくる際に「ひらめき性・セレンディピティ」を活用するときは、ゆったりとした平穏でリラックスした気持ちを持って頭脳を働かせてください。

分子生物学の研究において、今や当たり前に活用されている技術に、特定のＤＮＡを短期間で増幅させるポリメラーゼ連鎖反応法（ＰＣＲ法）があります。この技術を初めて開発し、のちにノーベル化学賞を受賞するキャリー・マリス博士は、当時交際していた女性とのデート中（本人の弁によればキスをしているとき）に、ポリメラーゼ連鎖反応法のアイデアを思い付いたそうです。これくらいリラックスした気持ちでないと「ひらめき」は起こらないようですね。

コ・ラ・ム

幸運は用意された心のみに宿る
パスツールが唱えるセレンディピティ

フランスの生化学者、細菌学者、ルイ・パスツールは、ワインの低温殺菌法や、狂犬病やニワトリコレラのワクチン開発、予防接種の普及など、人類に多大な貢献を与える業績を残した偉大な科学者の一人です。ロベルト・コッホと並び、「近代細菌学の祖」と呼ばれています。

パスツールは、1854 年、リール第１大学の学長就任演説で、デンマークの物理学者、エルステッドの電磁気作用の発見を例にとり、「幸運は用意された心のみに宿る（Chance favors the prepared mind）」という表現をとり、科学におけるセレンディピティの重要さを説いています。

パスツールほどの偉大な科学者でも（いや、偉大な科学者だからこそか）、ひらめき性・セレンディピティを大事にしたことがわかるエピソードです。

■まとめ

商品やサービス、企画をつくるのに役立つ強みとその活用法をまとめると、次のようになります。

強み	職場での活用法
⑵⑺好奇心	①お客様の本当の望むことを深く調べる。 ②自社の商品・サービスの本当の良さ、便益を深く調べる。 ③新たな価値を生む源泉を発掘する。
⑵⑻審美眼	①自社の商品・サービスの価値が正しいものか美しいものかを判断する。 ②自社の商品・サービスの形状の歪み・不備、製作工程や提供手順の歪みを審査する。
⑵⑼創造性	①思いついたらすぐに創ってみる。 ②企画会議の場を活性化させる。
⑶⑽柔軟性	①職場の仲間の意見に隠れた捉え方を合理的に判断、良い面を共有する。 ②自分の提案、アイデアについても論理的に再検討し、適合する部分を抽出する。
⑶⑴ひらめき性・セレンディピティ	①一見、失敗した試作品やアイデアを、別の視点から使用法を考えてみる。 ②一見、失敗した試作品やアイデアから生まれた微妙な変化を見逃さない。

6　組織を成長・成功させるのに役立つ強み

「組織は人なり」「企業は人なり」という言葉を耳にすることがあるかと思います。この意味は、企業や組織は人で構成されているので、企業や組織が成長・成功するには、構成員である人の育成、人材開発が重要だと捉えることができます。

組織の一員としての個を育成しても、個の集合体を1つの方向性にまとめて組織を作りあげなければ、組織は成り立たず、成長も成功もしません。組織の一員としての個が、自らを成長することだけでなく、組織の一員という視点で組織の成長・成功を望まなければ、組織は繁栄しないと私は考えています。そのように考えるからこそ、私は、企業において、人材育成とともに広い観点から組織全体を開発するお手伝いをさせていただいているのです。

この項目では、組織の一員として、組織を成長・成功に導くために役立つ強みは何か、個人がどのような強みをどのように活用すれば、組織は繁栄し続けるのか、記したいと思います。

私は、「人格の強み」のうち、㉜組織活動性　㉝戦略性　㉞批判思考　㉟緻密さ　㊱解決思考を組織の一員が組織のために活用すれば、組織は成長・成功すると考えています。

⑶² 組織活動性（チームワーク）

自分の利益や欲求よりも、まず組織・チームの利益を最優先に考える人。いわゆる「フォア・ザ・チーム（チームのために）」の精神を常に持っている人。自分一人で達成する業績よりも組織・チーム全体で取り組む方が生産性が格段に上がると確信している人。

このような人には、「組織活動性（チームワーク）」といった強みが備わっています。

■「組織活動性（チームワーク）」の特性

「チームワーク」とは、「集団に属しているメンバーが同じ目標を達成するために行う作業、協力、意識、行動」を指します。私は、「このチームワークを、個人のためだけではなく個人が組織の一員として組織のために活動する性質」という意味で「組織活動性」と訳しています。

「組織活動性（チームワーク）」の特性は、「組織・チームに一体感を持たせること」です。

「組織活動性」を強く持つ人は、組織・チームのメンバーの心を有機的につなぎ合わせ、団結力をもたらします。「個が単に集まったバラバラの集合体」から「組織・チームとしてのまとまりを持った機能体」に変化させる影響力が、「組織活動性」には備わっています。

■「組織活動性（チームワーク）」の職場での活用法

①「私たち（We）」を主語にしてメンバーに話しかける

「組織活動性」の強い人は、自分よりも組織・チームを最優先に考えますので、利己的な人は少ないはずです。「俺が俺が」「私が私が」といった主語を多用する自己中心的な人はいないといえるでしょう。

そのような人は、普段から「私たち」を主語に仲間に話しかけていると思いますが、意識して「私たち」という主語を活用してみてください。組織の中に、あなたの「組織活動性（チームワーク）」が伝染し、一体感が生まれるはずです。

②自分と同じようにチームの仲間に敬意を伝える

「組織活動性（チームワーク）」の強い人は、自分と同じように、場合によっては自分以上にチームのメンバー一人ひとりに敬意を払い、チームに誰一人として欠かすことのできないかけがえのない大事なメンバーとして捉えていると思います。そのような敬愛の意思を、メンバーに対して表現してみてください。

③チームの仲間の失敗・成功をチーム全体の失敗・成功として分かち合う

チーム内の個人の失敗をチームに損害をかけたとして責めたり、その逆に、特定の人の優秀な業績をひときわ表彰したりすると、個人の能力の改善や強化には役立つかもしれませんし、他のメンバーのミスの抑止や業績アップの相乗効果が期待できるかもしれません。ただ、組織全体の士気が上がり、連帯感が生まれるかというと、おそらくそれらは叶わないでしょう。

何よりも、特定の個人を責めたり称えたりする雰囲気は、「組織活動性（チームワーク）」の高い人には、心が痛み、違和感を覚えると推察できます。

「組織活動性（チームワーク）」を活用して、チーム内の仲間の失敗や成功を分かち合い、チーム全体で失敗から学んで克服し、成長を喜び合ってください。組織の連帯感、一体感が生まれ、組織は成長・成功に向かうはずです。

■「組織活動性（チームワーク）」の誤った使い方

「組織活動性（チームワーク）」を活用するときは、チームメンバーをえり好みせず、分け隔てなく平等に活用してください。また、チームを最優先に考えず、自分のことを優先して考えるメンバーがいたとしても、「フォア・ザ・チーム」を強制しないでください。あなたが「組織活動性（チームワーク）」を活用することで、利己的なメンバーに「組織活動性（チームワーク）」、利他心が芽ばえるまで待ちながら強みを活用し続けてください。

⑶ 戦略性

問題解決や目標達成に向けたさまざまな方法を考えられる人。状況を論理的に捉えるができる人。組織が置かれた環境のチャンスや脅威、組織内の強みや弱みを判断できる人。

このような人は、戦略眼に長けた「戦略性」を強く持つ人です。

■「戦略性」の特性

「戦略性」とは、「問題解決や目標達成に向けた複数の方法を考えることができる資質」と定義できます。

「戦略性」の特性とは、定義どおりで、組織の問題解決や目的・目標を実現するための計画、道筋を作成することになります。

■「戦略性」の職場での活用法

① 組織・チームのＳＷＯＴ分析をする

「戦略性」の強い人は、組織の現状を論理的に分析する優れた思考力を持っています。組織の外部環境から、組織を成功に向かわせる好機（Opportunity）や、組織を衰退させる可能性のある脅威（Threat）となる要因を挙げることができます。それと同時に、組織・チームとしての強み（Strength）や弱み（Weakness）もあぶり出すことができるはずです。

「戦略性」を存分に活用し、組織・チームのＳＷＯＴ（強み・弱み・好機・脅威）分析を行って、チームのメンバーに論理的合理的で良質な情報を提供してください。

②組織の問題解決、目標達成に向けた論理的な計画をチームに提案する

「戦略性」の強い人は、組織の置かれた現状を論理的に分析したのち、組織の現状で持っているさまざまな資源（ヒト・モノ・カネ・情報など）を最大限に最適に活用して、問題解決、目標達成に向けた計画を複数提案できると思います。

ＳＷＯＴ分析をしたのち、組織の強みをフルに活用し、機会を捉え、脅威に対応する最適な戦略を複数作成し、チームのメンバーに提案してみてください。

■「戦略性」の誤った使い方

「戦略性」を強く持つ人は、自分の立てた戦略に酔いしれることがまれに起きます。自分の立てた戦略も論理的に考え、問題解決、目標達成に最適なものかどうかを常に自問してください。「策を弄する者は策に溺れる」といったことにならないようにしてください。

また、立てた戦略は、チーム内に納得してもらわなければなりません。チーム内に共感して

もらわなければ、「絵にかいた餅」状態になってしまいます。戦略をチーム内で提案するときは、論理的に説明することも大事ですが、それ以上にチームのメンバーに共感を覚え、モチベーションが上がるように気を付けて説明してください。人間は、「理論では動かず感情で動く」生物なのですから。

㉞ 批判思考

世間一般的な常識にも反論を持っている人。物事の別の側面を見つけることが好きな人。仲の良い友人にもマイナス面、改善点を指摘することができる人。ちょっと一言が多い人。

これらのいずれかに当てはまる人は、「批判思考」を持っている人と言えます。

■「批判思考」の特性

「批判思考」とは、「あらゆる物事の問題を特定し、適切に分析して最適な解決法を導き出す思考法」を指します。「クリティカル・シンキング」と呼ばれることもあります。

「批判思考」は、組織・チームで作成した戦略について、最適なものかどうかを論理的に再分析し、適性を補強する特性があります。「戦略性」の強みを強化する役割を担っている強みと言えます。さらに、自組織や競合組織のマイナス面を発見する特性も備わっています。

■「批判思考」の職場での活用法

①競合組織の弱点を論理的に分析する

「批判思考」の強い人は、一般的にとても良いと肯定されるものについてもマイナスな側面を論理的に分析できます。

自組織の前に、まずは競合となる組織・企業を「批判思考」を活用して論理的に分析し、弱点を見いだしてチーム内で共有してください。

②組織・チームの「厳しい監督官」の役目を敢えて担う

「批判思考」ができる人は、組織の強みの中、優秀成績者の中に、誰もが見逃しがちな弱点や改善点を見いだすことができる人です。

組織やメンバーの弱点を把握しておくことは、組織を成長成功に向かう上では必要なことです。「批判思考」を活用して、あえて「厳しい監督官」の役目を果たし、弱点や改善点を分析し、指摘してください。

③企画会議の場、戦略のプレゼンテーションの場で、健全な反論者になる

組織の問題解決、目標達成のための戦略を立てても、ツッコミどころ満載の反論がたくさんつきそうなものであれば、戦略として成り立たないし、上長からの決済はおりないでしょう。実行しても失敗する可能性は高いと考えられます。

コ・ラ・ム

大英帝国を1つにしたチャーチルの批判思考

今では信じがたいことですが、1935年のイギリスでは、ヒトラー率いるナチスドイツの台頭を容認する、対独宥和政策が保守党によってとられていました。第一世界大戦後のヴェルサイユ条約によって禁じられたドイツの再軍備を認める方針を示したのです。ヒトラーの再軍備を抑制するよりも、ドイツの国力を高めさせて対ソ連の防波堤にする方がよいと考える政治家が大多数でした。

ヒトラーのヨーロッパを制圧する野望とナチスドイツの危険性を見抜いたチャーチルは、対独強硬策を主張する数少ない政治家の1人でした。雑誌やメディアでヒトラー批判の急先鋒となり、活発に批判記事を書くようになります。

ヒトラーのヨーロッパにおける領土的野心が明らかになり、対独宥和政策をとっていたイギリス保守党のチェンバレン首相は、対独強硬策に政策転換を迫られ、断行します。その際、世論の後押しもあって、政敵だったチャーチルを海軍大臣に任命せざるを得なくなります。

チャーチルは、その後、首相となり、イギリスを第二次世界大戦の戦勝国に導きました。チャーチルの批判思考が国を1つにまとめたエピソードです。

「批判思考」の強い人は、組織が策定した戦略案に対して、健全な反論者となり、論理的なほころびがないように指摘してあげてください。

■「批判思考」の誤った使い方

自組織に対しても競合組織に対しても、「批判思考」を活用するときは、非論理的な使い方をしないでください。批判ではなく、非難や中傷にならないように気を付けてください。非論理的な非難や中傷は、ネガティブ感情を生み、視野が狭くなり、戦略にほころびが生じます。

また、組織の仲間に「批判思考」を活用するときは、個人攻撃にならないように注意してください。マイナス面を批判する前に、肯定的な良い面を先に伝えたのち、弱点や改善点を伝えてください。

㉟ 緻密さ

物事のちょっとした細やかなことに気づく人。自分と他者の小さなミスを見逃さない人。形式や規則を大事にする人。過去の細やかな出来事も記憶し、思い出せる人。

このような人は、「緻密さ」という強みを持つ人と言えるでしょう。

■「緻密さ」の特性

「緻密さ」とは、「細かいところまで注意が行き届いていて、手落ちのないこと」を指します。「緻密さ」には、「物事の不具合を発見し、完成度を高める」特性があります。

■「緻密さ」の職場での活用法

①組織・チームの戦略・戦術の完成度を高める

「緻密さ」という強みを持つ人は、策定した戦略や戦術のまずい部分、円滑に進行する部分、粗い部分にとてもよく気づきます。

組織・チームが策定し、実行に移しつつある戦略、戦術について、実現可能性は高いか、無理のないスケジュールとゴールが設定されているか、チームメンバーが無理なく実行に移すことができるか。そのような視点で緻密に見直し、完成度を高めてください。

②商品・サービスを点検し、不具合、欠損を発見する

「緻密さ」を強く持つ人は、どのような細かいミスも見逃しません。その強みを存分に生かして、組織・チームが開発した市場に上げる前の商品・サービスを細かく点検し、不具合、欠陥を発見して完成度を高めてください。

③ 組織・チームのメンバーの個々の役割と業務の細やかな部分を示す

組織・チームが、問題解決、目標達成に向けて動き始めたとき、メンバーの個々の役割や業務の細かい部分について、周知徹底できずに作業が二度手間になることも多いかと思います。このような状況を解消するため、「緻密さ」を強みに持つ人に、メンバーの役割分担や、かゆいところに手が届くような細やかな作業進行の計画を立てさせてみてください。無理・無駄のない円滑に進行するプランが示されると思います。

■「緻密さ」の誤った使い方

「緻密さ」を持つ人は、自分が点検・分析した戦略・戦術や商品・サービスの完成度に強い自信を持つ傾向にあると思います。戦略・戦術の完成度については、ミスや失敗にのみ注視しないでください。計画の甘さ、いい加減さを解消して完成度を高めることは、あくまで手段で、最終ゴールは、課題解決、目標達成ということを忘れないようにしてください。

㊱ 解決思考

あらゆる問題には解決策が必ずあると信じている人。クイズの難問、数学の方程式、詰め将棋などを解くことが好きな人。問題を抱えたままの状態や、課題が未解決なままの状態に不快感を覚える人。何度失敗してもさまざまな解決法を試すことができる人。

これらのいずれかに当てはまる人は、「解決思考」を持っている人です。

■「解決思考」の特性

「解決思考」とは、「問題のある事柄や、ゴタゴタした事件などを、うまく処理して解決させる思考、または解決したいと考える志向」と定義できます。

「解決思考」は、「問題や課題を解決に向かわせる」という特性があります。「解決思考」を持つ人は、どのような難問に直面しても、ただちにどのように解決すべきか考え始めます。解決が困難そうな課題・問題を前にして、解決しなければどうなるのだろうといった不安な気持ちを抱くことはきわめて少ないです。ワクワクしながら問題の解決に向かいます。組織やチームが困難な問題に直面したとき、このような強みを持つ人の存在は、とても頼もしいはずです。

■「解決思考」の職場での活用法

①戦略を実行するための複数の戦術を考える

組織・チームとしての問題解決や目標達成のための戦略を立てたら、それを実行するための具体的な手段、実践的な計画といった戦術を組み立てる必要があります。

「解決思考」の強い人は、戦略を立てることも得意ですが、戦略を実行に移すための戦術を考えることも好きで、ワクワクしながら計画を練ることができます。

「解決思考」の強みを存分に活用して、戦略だけでなく、細やかな戦術も考え、組織に提案してみてください。

②問題解決までのスモールステップとマイルストーンを示す

「解決思考」の強い人は、問題解決に向けた戦略、戦術を立てたら、ただちに解決に至るまでの段階的な小さな目標（スモールステップ）を考え、かつ、その小さな目標の達成度を図る目安（マイルストーン）を決めることができます。

問題解決に至るまでのスモールステップとマイルストーンを組織のメンバーに示し、共有してください。

■「解決思考」の誤った使い方

すべての解決法を1人で策定できると過信しないでください。自分だけでなく、チームの仲間の「解決思考」も信じ、共同で問題解決にあたるようにしてください。

■まとめ

組織を成長成功させるのに役立つ強みとその活用法をまとめると、次のようになります。

強み	職場での活用法
㉜組織活動性	①「私たち（We）」を主語にしてメンバーに話しかける。 ②自分と同じようにチームの仲間に敬意を伝える。 ③チームの仲間の失敗・成功をチーム全体の失敗・成功として分かち合う。
㉝戦略性	①組織・チームのSWOT分析をする。 ②組織の問題解決、目標達成に向けた論理的な計画をチームに提案する。
㉞批判思考	①競合組織の弱点を論理的に分析する。 ②組織・チームの「厳しい監督官」の役目をあえて担う。 ③企画会議の場、戦略のプレゼンテーションの場で、健全な反論者になる。
㉟緻密さ	①組織・チームの戦略・戦術の完成度を高める。 ②商品・サービスを点検し、不具合、欠損を発見する。 ③組織・チームのメンバーの個々の役割と業務の細やかな部分を示す。

㊱解決思考	①戦略を実行するための複数の戦術を考える。 ②問題解決までのスモールステップとマイルストーンを示す。

7　卓越したリーダーに必要な強み

アメリカの政治家でジャーナリスト、ジョセフ・E・ブルックスは、次のような言葉を残しています。

「うまくいっている国家か、企業か、組織を示してくれ。そこには必ず優秀なリーダーがいよう」。

ブルックスの言葉を借りないまでも、繁栄し続ける企業、成長成功し続ける組織、勝利し続けるチームには、必ず卓越したリーダーが存在します。逆に、組織内にきわめて優秀な人材が数多く存在しても、リーダーが優秀でなく、また、かつては優秀であったリーダーが堕落し、道を外してしまうと、組織は脆くも崩れ去っていきます。

では、卓越したリーダーとは、どのようなリーダーなのでしょうか。

リーダーとは、「指導者、首領、先頭をなすもの、周囲を正しい方向に向かわせる者」と言われます。リーダーシップとは、「他人や組織を導く能力」あるいは「他者に影響を与え、力を引き出し、共通の目標を達成する能力」と定義できます。つまり、卓越したリーダーとは、「他人や組織に影響を与えて正しい方向に導く能力を持った指導者」となります。

リーダーシップを能力と捉えれば、それは持って生まれたものではなく、トレーニングや経験を積むことで開発することができるはずです。卓越したリーダーとは、特別に優秀で才能あふれる人がなるのではなく、能力を開発すれば、また、持って生まれた資質・強みを活用し続ければ、誰しもなれるものと思います。

卓越したリーダーに必要な強みとはどんなものか。私は、㊲統率性　㊳責任感　㊴巻き込み力　㊵公平性　㊶慧眼が、卓越したリーダーに必要な強みと考えています。

㊲　統率性（統率力）

どのような状況にあっても、先頭に立って周囲を導く人。チーム内の他者を助け、励まし、良い方向に導くことができる人。自然に組織の代表に収まり、組織を勝利に導ける人。目標達成して成長した組織、勝利した組織の理想像、ビジョンを明確に思い描くことができる人。

このような人は、「統率性」という強みを持つ人と言えます。

■「統率性」（統率力）の特性

「統率性」とは、「多くの人々を1つに束ねまとめる性質」を言います。リーダーシップと似ているように思われますが、リーダーシップは複合的な能力であり、「統率性」はリーダーシップを構成する1つの性質、能力と私は捉えています。

「統率性」の特性は、「多くの人々を一枚岩にすること」になります。どのようなリーダーであれ、「統率性」という強みを活用し、組織を束ねています。カリスマリーダーが剛腕を発揮してグイグイ組織を引っ張るときや、変革型のリーダーが、組織のメンバーの意見をバランスよく取り入れながら意思決定するとき、必ず「統率性」が活用されています。

■「統率性」の職場での活用法

①組織・チームの代表となり、リーダー役を買って出る

「統率性」の強い人は、組織の仲間を1つに束ねて率いることをワクワクしながらできる人です。機会があれば、組織やチーム、あるいは自分がかかわるプロジェクトの代表、リーダー役を買って出てください。あなたの「統率性」を最大限に発揮することができ、仲間に貢献できるは

ずです。

②　バランスよく情報を処理し、意思決定する

リーダーは、組織を１つに束ねて率いる上で、組織の方向性を決定しなければなりません。リーダーの役目は「決定すること」だけといっても言い過ぎではないでしょう。

リーダーが独断で意思決定し、その決定に強引に仲間を従わせる方法もありますが、そのようは方法では、一時的に成功したとしても、長期的に組織を繁栄には導けないと思います。なぜなら、組織のメンバーに、組織の方向性の決定に参加した感覚がなければ、疎外感が生まれ、メンバーの内発的モチベーションは下がり、生産性が下がっていくからです。

卓越したリーダーが「統率性」を活用するときは、組織のメンバーを含めたさまざまな方面から情報を傾聴し、処理して意思決定に役立ててください。

③　意思決定したことをメンバーに説明し、納得してもらう

リーダーとして、組織の方向性を決定したとき、「統率性」を活用し、メンバーに決定した事項をわかりやすく説明してください。そして、納得させ、合意してもらい、組織を１つの方向にリードしてください。

■「統率性」（統率力）の誤った使い方

「統率性」を活用するときは、過去の成功体験や経験則だけに頼らずに意思決定してください。また、自己中心的な成功を渇望し、道を外した「統率性」を活用しないでください。

そのような「統率性」の活用法は、組織を永続的に繁栄させる卓越した健全なリーダーシップとは言えません。組織を成功に導かないばかりか、衰退・崩壊に導く破滅型リーダーシップに陥る可能性もあります。

⒅ 責任感

約束をしたことは必ず守る人。時間を守る人。言ったことは実行に移す有言実行な人。自分に関わる行動について、言い訳をしたり他人のせいにしたりせず、すべて自分のせいだと思う人。

これらのいずれかに当てはまる人は、「責任感」を強く持つ人です。

■「責任感」の特性

「責任感」とは、「自分の仕事・行為についての責任を重んずる気持ち」を意味します。

「責任感」の特性は、「最後までやり遂げること」にあります。「責任感」を強く持つ人は、途中で仕事を放り投げることなく、目標を達成するまで最後まで粘り強くあきらめることなくやり遂げます。やり遂げたのち、目指すべき目標に到達しなかったとしても、それを他者の責任に転嫁したり、達成できなかったことを正当化したりしません。別の形で達成できなかったことを埋め合わせようと行動します。

■「責任感」の職場での活用法

①周囲に宣言する。約束する

卓越したリーダーとして組織を導くとき、「責任感」を活用して、組織のメンバーや、外部の関係者に対して、組織を成功に導く意思、成功に導く戦略、計画を宣言し、必ず達成することを約束してください。

「責任感」を強く持つ人が周囲に宣言し、約束をするということは、その人の心に組織を成功・成長に導く責任を植え付け、宣言したことを忠実に守り、約束を果たすまで実行し続ける自己規律をつくることになります。それは、目標達成に向けた強い推進力になるはずです。

②仲間からのコミットメントも促す

卓越したリーダーは、率いる組織を成長成功に導くとともに、組織の目標達成のためにメンバー個々を成長させ、人材として育てる責任も負わなければなりません。

組織が繁栄するか衰退するか、その成果に対する最終的な責任は、すべてリーダーが負わなければなりませんが、組織のメンバーの個々の成長、個々が抱える目標達成については、過度にリーダーに依存しないように、また、部下、スタッフが個々の責任を過剰にリーダーに転嫁しないために、組織の仲間にも、自分の目標達成や職務に対して責任を負うことを約束（コミットメント）してもらってください。

■「責任感」の誤った使い方

卓越したリーダーは、率いる組織の活動全般の最終的な責任を負わなければなりませんが、組織を理想とする状態に導くまでのメンバーの個々の職務、業務まで１００％の責任を負うとなると、リーダーへの負荷がかかりすぎ、リーダーは多くの自己犠牲を強いることになります。これでは、「責任感」を正しく活用したことにはならず、明らかに「責任感」を過剰に活用した誤った使い方と言えます。

「責任感」の過剰な活用にならないように、組織の仲間の個々の責任は、自己責任として全うするように指導してください。組織の目標達成に対する責任を仲間とともに共有する姿勢で「責任感」を活用してください。

(39) 巻き込み力

自然と周囲から協力や支援が得られる人。伝えたいことを情熱的に話せる人。周囲をその気にさせ、わかりやすいプレゼンテーションができる人。弱さをさらけ出す愛嬌がある人。

これらのいずれかに当てはまる人は、「巻き込み力」という強みを持っています。

■「巻き込み力」の特性

「巻き込み力」とは、「プロジェクトなどを実行するとき、周囲の人間を実行に巻き込んでいく能力」を意味します。組織としての目標を達成し、持続的に繁栄し続けるためには、リーダー1人の能力だけでは実現はとても難しいです。組織内の大多数のメンバーを、組織の目標達成に合意させ、納得の上で目標達成のプロジェクトに巻き込み、一丸となって実行すれば、理想とする未来像の実現は可能になるでしょう。

そのような意味で、「巻き込み力」は、卓越したリーダーに必須な強みと考えられます。「巻き込み力」の特性は、「賛同者、フォロワー、ファンを増やすこと」にあります。

■「巻き込み力」の職場での活用法

① 仲間に与え、感謝する

「巻き込み力」の強い人は、周囲の人々がその人の率いるプロジェクトに巻き込まれ、いつの間にか参加するといった不思議な現象が起こります。それは、「巻き込み力」を持つ人が、さまざまな形で周囲の人々に支援や敬意、影響力を与えた、Giver（与える人）であり、周囲の人々に日頃から感謝していたために起こった場合が多いように思います。

卓越したリーダーが「巻き込み力」を活用するときには、周囲の人々に支援や影響力を惜しみなく与え、感謝してください。

② プレゼンテーションをトレーニングする

プロジェクトの実行に不安を覚えている人や、内心は賛同していない人を巻き込むには、簡単ではなく、かなりのエネルギーを必要とします。

巻き込まれることを拒む人々を納得してもらって巻き込むには、それらの人々に合意してもらう論理的な説明、巻き込まれる価値があると思わせる共感を訴求する説明、巻き込まれると内発的モチベーションが高まり、心地よく思わせる感情を訴求する説明が必要になります。

そのような説明をするには、卓越したプレゼンテーションが必要になります。「巻き込み力」を活用するときには、まずプレゼンテーションをトレーニングし、論理的な共感を生み、心地よ

コ・ラ・ム

スティーブ・ジョブズの現実歪曲空間
― 神がかった巻き込み力

アップルの創業者で元CEO、スティーブ・ジョブズは、卓越したプレゼンテーションがとても有名で、さまざまな研修やビジネススクールのケースとしてよく取り上げられています。私も、プレゼンテーションの勉強のため、彼のプレゼンテーションを何度も繰り返し聴いた経験があります。

ジョブズは、周囲をプロジェクトに巻き込む、「巻き込み力」も極めて強い人でした。アップルの共同創業者のバド・トリブルは、ジョブズのプレゼンテーションに引き込まれる観衆の状況を「現実歪曲空間」と表現しています。

現実歪曲空間とは、「実現困難性についての規模感や距離感を歪ませ、今手元にある作業が容易に実行可能な気になる」空間と言われています。

アップルが2001年にiTunesを売り出す前、ジョブズは多くのミュージシャンに直接iTunesの企画の素晴らしさと実現できたビジョンを情熱的に語り、楽曲提供の合意にこぎつけました。2時間ぶっ通しでジョブズに語り続けられ、現実歪曲空間にはまり、ジョブズとビジョンに魅了されたミュージシャンの一人に、トランペット奏者のウィントン・マルサリスがいます。彼は、ジョブズの説得を次のように語っています。

「彼は取りつかれていた。その後しばらくして、私はコンピュータではなくジョブズ自身に目を向けるようになった。彼の情熱にすっかり魅せられたからだ」。

卓越したリーダーが、時代を変えるイノベーションを創造するとき、「巻き込み力」が素晴らしい成果を生むことがわかるエピソードだと思います。

い感情を生み出す説明をしてください。

③　共通ビジョンをプレゼントする

「巻き込み力」の強い人は、自分の持っているビジョンを具体的に情熱的に説明することに長けています。そして、周囲の人々に、自分のビジョンをその人のビジョンのように思わせることを得意としています。

「巻き込み力」を活用するときは、自分のビジョンを情熱的に語り、共通のビジョンという贈り物（プレゼント）として周囲の人に与えてください。

■「巻き込み力」の誤った使い方

周囲の人々を巻き込むときは、周囲の人々にも利益があること、ベネフィットがあることに巻き込んでください。巻き込まれる人に多大な自己犠牲を払い、終わった後に不快感を生じさせるようなプロジェクトに強制的に巻き込むようなことは避けてください。

「陥穽《かんせい》」という言葉があります。意味は、「人をおとしいれる策略。わな」です。本来の目的を隠し、周囲の人を欺く陥穽を弄して巻き込まないようにしてください。

⑽ 公平性

どのような人にも敬意を払える人。嫌いな人も公平に扱える人。仲間に機会を均等に与えることができる人。分け隔てのない人。

これらのいずれかに当てはまる人は、「公平性」という強みを持っている人と思われます。

■「公平性」の特性

「公平性」とは、「判断や行動にあたって、１つの方向に偏らず、えこひいきをしない性質」と定義できます。

卓越したリーダーが組織を導くためには、それ以前に卓越したリーダーであり続けるには、「公平性」は欠かせない強みと私は考えています。

組織を成長成功に導くには、組織の仲間の内発的モチベーションを高め、仲間どうしの良好な信頼関係を築くことが必要になります。それには、組織の仲間に機会を均等に与え、偏りなく評価しなければなりません。そのような状況をつくるとき、「公平性」という強みが効果を発揮します。

また、卓越したリーダーが、どのような状況においても健全なリーダーシップを発揮するには、道を外さない堕落しないリーダーであり続けるためには、「公平性」を活用し、自分に対して耳の痛い批判をするような人からの意見もバランスよく収集し、そこから学ぶ姿勢を保ち続ける必要があります。

　このようなことから、「公平性」の特性には、「組織のメンバーに機会を均等に与え、組織内に信頼関係のネットワークを築くこと」や、「リーダーが卓越したリーダーであり続けること」が挙げられると思います。

■「公平性」の職場での活用法

① 公平に仲間の意見を聴く

自分の意見やビジョンに賛同する人や、価値観が似ている人、気に入っている仲間からの意見ばかりに耳を傾けず、ときには自分に耳の痛い批判をする人からの意見も聞いてください。そしてその意見を感謝して受け止めてください。それが周囲の仲間に対して「公平性」を活用していることになります。

　自分に批判的な人の意見は、あなたの成長を阻むものではなく、むしろ、より高いレベルに引き上げるものだと受け止めてください。

②　公平に機会を与える

組織での仕事の役割分担を決めるとき、「公平性」の強い人は、自分が気に入っているか気に入っていないかで仲間を判断しません。その人の持つ能力、強みが、任すべき役割、業務に適しているか適していないか、その職務をその人に任せると、組織全体が成長するかしないかといった基準で判断します。

「公平性」を活用し、組織の仲間に均等に活躍の場を与えてください。自分のことを嫌っている人にも敬意を示し、その人の能力、強みを最大限に発揮できる好機を演出してください。

③　公平に評価する

「公平性」の強い卓越したリーダーは、自分のお気に入りの仲間を甘く評価したり、自分が嫌いな仲間を取り立てて厳しく評価したりはしません。仲間が実行した仕事の取組みと成果を公平に判断し、その人の職責を評価します。

「公平性」を正しく活用し、組織の仲間を好き嫌いという判断軸ではなく、「真善美」という普遍的な価値基準で公平に評価してください。

■「公平性」の誤った活用法

組織の仲間に機会を均等に与えるときには、悪平等にならないように注意してください。

悪平等とは、「それぞれの価値を無視して形式だけ平等に扱うこと」を言います。職場の中での悪平等とは、組織のメンバー個々が持つ強みや能力は、当然のことながら均等ではないはずですが、それを均等とみなして業務を分担することです。つまり、会話力・雑談力は強いが戦略性が弱い人と、その逆で、戦略性は強いが会話力・雑談力の弱い人に、機会を均等に与えるという理由で、製造部門の仕事を任せると、双方が本来自分の持つ強みや能力を発揮できないまま、仕事が終わってしまう可能性が高くなるでしょう。このような機会均等は、「公平性」を正しく活用したことにはなりません。

誰が一番足が速いかを競う徒競走に例えますと、誰もが同じスタートラインに立つこと、そして、速い遅いという順位がつくこと、これは公平な手順であり結果です。悪平等は、スタートラインも平等に公平に立たせ、得られる結果についても、速い人にあえて遅い人に合わせてゴール前で待ってもらい、そして遅い人と一緒にゴールすることを指します。このような誤った「公平性」の使い方を決してしないでください。

㈶ 慧眼

他者の性格、強みや弱み、行動パターン、考えていることを理解できる人。他者のささやかな強み、他の人にはない隠れた強みを引き出せる人。他者の潜在能力、将来性を見いだし、伸ばすことができる人。他者の能力や技術のレベルがどの程度か、短時間で把握できる人。

このようなタイプのいずれかの人は、「慧眼《けいがん》」という強みを持っていると思われます。

■「慧眼」の特性

「慧眼」とは、「物事の本質や人物が持つ潜在能力、将来を見抜く能力」を意味します。ここでの「人格の強み」としての「慧眼」は、人物に対する強みに焦点を当てて紹介します。

「慧眼」の特性とは、「人の潜在能力を引き出す」、また、「隠された資質を発掘する」ことにあります。「慧眼」の強い人が他者を見たとき、その本人が気づいていないような潜在的な資質、将来性を見抜き、新たな境地に挑戦する契機を与えることもあります。

アドラーは、人間の感情や行動は、何か原因があって起こるものではなく、「～したい」、あるいは「～したくない」といった目的があって起こるという「目的論」を主張しています。ただし、他者の行動の目的は、一見して理解しにくい場合が多いです。「慧眼」の強みを持つ人は、そのような他者の〝隠された目的〟を発見する力を持っています。

卓越したリーダーが「慧眼」という強みを持つと、組織のメンバーの個々の潜在能力、将来性を的確に見抜き、適材適所に役割を分担し、組織を勝利に導きます。そのような効果も「慧眼」の特性と言えるでしょう。

■「慧眼」の職場での活用法

① 仲間で強みを発見し合う

自分では発見できなかった強みや資質、潜在能力を新たに発見すると、それだけで幸福感は増し、視野が広がり、本来持っている自分の内的資源が拡張されます。自分でだけでなく他者から指摘してもらうと効果はさらに増すはずです。

「慧眼」の強みを活用して、普段から接している組織の仲間の隠された強みや才能、将来の可能性を見いだし合い、それを共有してください。

② 仲間に個性的なユニークな能力を武器にするよう促す

「慧眼」の強い人は、他者の個性的で独創的な強み、資質を見いだすのに優れているだけでなく、そのようなユニークな強み、資質をどのようなフィールドでどのように活用すれば武器になるかがわかる見識を持っています。

「慧眼」を活用し、仲間の他にない独創的な強み、資質を見いだし、それを武器にして活躍する場や方法をアドバイスしてください。

■「慧眼」の誤った使い方

他者の隠された強み、資質を見いだして他者に指摘しても、それが他者が望んでいないものの、活用することが嫌いな強みや能力であれば、その活用を強制しないでください。潜在的な能力、強みも、顕在化している能力、強みと同じように、本人が楽しみながら、ワクワクしながら活用しなければ、効果を発揮しません。

あなたが見いだした他者の潜在的能力の活用や、将来性を他者が激しく拒んだとき、それはあなたの「慧眼」が誤っていた可能性が大きいと思います。

■まとめ

卓越したリーダーに必要な強みとその活用法をまとめると、次のようになります。

強み	職場での活用法
(37)統率性（統率力）	①組織・チームの代表となり、リーダー役を買って出る。 ②バランスよく情報を処理し、意思決定する。 ③意思決定したことをメンバーに説明し、納得してもらう。
(38)責任感	①周囲に宣言する。約束する。 ②仲間からのコミットメントも促す。
(39)巻き込み力	①仲間に与え、感謝する。 ②プレゼンテーションをトレーニングする。 ③共通ビジョンをプレゼントする。
(40)公平性	①公平に仲間の意見を聴く。 ②公平に機会を与える。 ③公平に評価する。
(41)慧眼	①仲間で強みを発見し合う。 ②仲間に個性的なユニークな能力を武器にするよう促す。

8　逆境・試練にあったときに役立つ強み

人は人生を歩んでいく過程において、さまざまな逆境や試練、困難な局面にあいます。それらは、例えば街中で鍵を失くしたとか、列車内で財布を落としたといった日常生活の小さな失敗から、大切な家族と死別したとか、予想できない自然災害にあったといっためったに遭遇しない逆境など、大小さまざまな逆境や試練です。

誰しもが大なり小なりこのような逆境にあい、そして、それらを乗り越えた経験を持つはずです。逆境や試練にあったこともないし、乗り越えた記憶もないと思っている人は、そのような経験を忘れてしまうほど、逆境を逆境とも思わず、苦もなく克服した人かもしれません。その一方で、本書を読んでいる今も、逆境にあっている最中で、トラウマやストレスから抜け出そうと苦しんでいる方もいらっしゃるかもしれません。

逆境や試練にあってもただちに乗り越えることができる人と、なかなか克服できずに苦しむ人とは、何が違うのでしょうか。持っている強みにどのような違いがあるのでしょうか。

私は、逆境や試練にあっても短期間で克服する人には、「人格の強み」のうち、主に㊷レジリエンス　㊸大局観　㊹自制心　㊺思慮深さ　㊻社会的つながりの強みを持っていると考えています。

⑷② レジリエンス（心の復元力）

落ち込んでもすばやく気持ちを奮い立たせることができる人。幾度も挫折を経験しても決してあきらめない、七転び八起きができる人。自分の思考・捉え方を状況に応じて変換することができる人。ピンチをチャンスに捉えることができる人。困難な局面の良い部分、肯定的な側面を見いだせる人。置かれた状況を客観的な事実と自分の主観的な捉え方に分けることができる人。そして、自分の強みを理解し、その強みを逆境の克服に活用できる人。

このようなタイプのいずれかに当てはまる人は、「レジリエンス（心の復元力）」を強く持つ人と考えられます。

■「レジリエンス（心の復元力）」の特性

「レジリエンス」とは、元は物理学用語で、「外力による歪み」を意味する「ストレス」の対義語、「ストレスを跳ね返す力」として使われ始めました。今は、心理学用語としても使われています。日本語訳としては、「精神的回復力」「抵抗力」「復元力」「耐久力」といったものが使われます。私は、日ごろ、企業研修などで、「レジリエンス」を「心の復元力」と説明していますので、本書でもその訳語を使おうと思います。

「レジリエンス」について、アメリカ心理学協会では、次のように定義しています。

「逆境やトラブル、強いストレスに直面したときに適応する精神力と心理的プロセス」。

私は、その定義を踏まえながら、さらに発展させ、

「どのような局面においても状況を把握し、反応をコントロールし、困難な状況や逆境からしなやかに再起する力」と定義しています。この定義こそがレジリエンスの効果、特性と私は感じています。

「レジリエンス（心の復元力）」の特性とは、「逆境を克服して成長すること」になります。ただし、それには段階があります。まず、逆境という状況について、先入観や固定観念といった主観を交えることなく、客観的中立的事実のみを把握しなければなりません。次に、状況の客観的な事実を把握したら、発生する不安や恐れ、怒りなどのネガティブ感情をコントロールしなければ逆境を乗り越えることはできません。そして、最後に、ネガティブ感情をコントロールしたら、状況を打開してしなやかに再起するために自分の強みを活用する必要があります。

以上のようなことから、「レジリエンス（心の復元力）」の特性には、「状況を客観的に正確に把握できる」「感情をコントロールできる」「強みを活用してしなやかに再起できる」というものもあると感じています。

■「レジリエンス（心の復元力）」の職場での活用法

① 逆境を正確に捉える

大小さまざまなピンチ、ストレスに直面したとき、焦った気持ちのままでは、それを乗り越えることは難しいと思います。

逆境にさらされたときは、「レジリエンス」を活用し、まずは、直面した現状を、主観や感情を入れず、ありのままを直視し、分析してください。逆境を乗り越える過程は、まずここから始まります。

② 状況の捉え方を変える習慣をつける

ピンチやストレスにさらされると、不安や恐れ、怒りといったネガティブ感情が生まれる場合が多いと思います。ネガティブ感情を解消できないままでは、逆境を乗り越えるモチベーションは生まれにくいでしょう。

ネガティブ感情は、状況に対する否定的な捉え方、思い込みから生じます。不安は、逆境にあったときに「逆境によって将来なにか悪いことが起こるのではないか」といった将来への脅威と捉えると発生します。怒りは、「逆境によって、自分が得られるべき良いこと、当然受け取るべき権利が失われる、損なわれる」といった自分への損害と捉えると発生します。よく考えてみると、そのような捉え方は、頭の中の想像の産物でしかなく、現実に起こったことではありませ

コ・ラ・ム

幾度もの試練を乗り越えた〝西郷どんのレジリエンス〟

NHKの大河ドラマ「西郷どん」の主人公、西郷隆盛は、倒幕を成し遂げ、明治維新に尽力した軍人、政治家として、大久保利通、木戸孝允と並び、維新の三傑と評される人物です。

鹿児島では、〝西郷どん（せごどん）〟の愛称で親しまれ、多くの日本人に人気のある大人物です。

西郷隆盛は、その生涯において、数多くの試練にさらされます。主だった３つを挙げますと、僧月照との心中事件（西郷は未遂で終わる）、奄美大島での潜居時代、徳之島、沖永良部島流島時代になります。特に、沖永良部島の流島時代は、罪人として劣悪な環境下の舟牢に閉じ込められ、心身が衰弱して危うく死にかけます。

そのような中、西郷の人格に魅了された島の役人の計らいで、舟牢から座敷牢へと移り、健康を取り戻し、やがて島民たちに勉学を教えることになります。

大久保利通ら仲間の働きかけが功を奏して赦免された西郷は、鹿児島に戻り、若い頃から抜擢した藩主島津斉彬の墓に這いずって墓参し、斉彬公の遺志を継ぐことを決意します。

その後の明治維新に向けた活躍は周知のとおりです。どのような逆境でも現状をありのままに受け止め、目標を達成するまで決してあきらめない西郷のレジリエンスがうかがえる話です。

ん。そして、客観的事実は変えることはできませんが、脳内の想像の産物は、変えることができます。

逆境にあったとき、「レジリエンス」を活用して、逆境に対する否定的な捉え方を変換し、逆境の肯定的な側面を捉え、ネガティブ感情を解消してください。また、そのような捉え方を変える習慣を身に付けてください。

③ 自分と仲間の強みを活用する

ピンチやストレスにさらされたときに発生するネガティブ感情をコントロールし、解消をすると、精神的な落ち込みは止まりますが、落ち込んだ心の状態にエネルギーを注入しなければ、逆境にさらされた心をV字回復することはできません。

逆境にあったとき、状況を客観的に捉え、ネガティブ感情を解消したら、「レジリエンス」を活用して、逆境に対応できる自分の強みを選び、それを活用して乗り越えてください。所属する組織が一丸となって逆境を乗り越えるときは、組織のメンバーと自分の強みを共有し合い、それを活用して組織全体で逆境を克服してください。

■「レジリエンス（心の復元力）」の誤った使い方

長い人生において直面する逆境や試練の中には、悪意ある他者から騙されたり、裏切られて貶められたりする経験もあるかもしれません。そのような他者からの詐欺行為、裏切り行為に対して、憎悪を持って仕返し・復讐をすることに、「レジリエンス」を活用しないでください。「レジリエンス」は、逆境を克服して自分自身が成長するため、幸福になるために活用してください。悪意に対して悪意を持って返すことは、「レジリエンス」を正しく活用したことにはならないと思います。

㈿ 大局観

宇宙のような壮大な観点から自分の置かれている状況を見つめることができる人。自然に大いなる力を感じ、大自然に対して感謝と畏敬の念を持てる人。第三者の目線で、自分の強み、弱み、才能や物事の捉え方を見つめることができる人。

このような人は、「大局観」という強みを持っている人です。

■「大局観」の特性

「大局観」を辞書で調べると、「物事の全体の動き・形勢についての見方・判断」という意味が記されています。

「大局観」を持つ人は、日常の細かなことにとらわれず、大きな視野で自分が置かれている現状を捉え、その中で今自分はどのように振る舞えばよいか判断します。逆境にさらされたときは、「大局観」を活用すると、逆境に巻き込まれた自分といった自分目線の視点から、逆境そのものを遠くから俯瞰する位置で捉えるので、逆境そのものの構造を客観的に分析することができ、その状況において、自分の活用すべき強み、自分がとるべき行動が見えてきます。そして、「逆境に出会ってとても困った。どうしよう」という悲劇の主人公である立場から、「逆境とはいってもこんなものか」とった楽観的な捉え方が芽ばえます。

このように、「大局観」の特性は、「広大な視野から物事を判断すること」と、「悲観的思考から楽観的思考に変えること」があります。

■「大局観」の職場での活用法

① 瞑想する

最近、シリコンバレーのＩＴ企業で流行している活動にマインドフルネス瞑想があります。

マインドフルネス瞑想とは、心を落ち着けて呼吸に意識を傾け、「今、ここ」に集中する瞑想法です。これによって、心の中の雑念が取り払われ、思考を司る脳の前頭葉が活性化し、「大局観」が養われます。

「大局観」を活用するときには、マインドフルネス瞑想などを行い、雑念を払って「今、ここ」に集中して活用してください。

② 宇宙に思いをはせる

私たちが実感できる環境の中で、宇宙以上に広大なものはありません。困難な局面、自分には手に負えそうにない逆境にあったと思ったとき、空を見上げ、夜空にある無数の星を眺めて広大な宇宙に思いをはせてください。宇宙の写真を眺めるのも良いかもしれません。

そして、宇宙の場から、地球にいる逆境にあった自分を見つめるようにしてみてください。広い視野から思いもしなかった解決法がひらめくかもしれません。

③ 内省し、セルフトークをする

「大局観」を活用して、宇宙から地球にいる逆境にあっている自分を捉えたのち、内省し、自分の内なるもう一人の自分に対し、「今置かれている状況は宇宙からみたらどうか」「広い視野でみると、自分の置かれている状況は悲観的か楽観視できるか」「逆境を乗り越えるには、どのような強みを活用すべきか、他者からの協力や支援は必要か」と話しかけてください。

そのようなセルフトークをすることによって、逆境を乗り越えるいくつかの解決法が浮かび上がってくると思います。

■「大局観」の誤った使い方

「大局観」を活用するときには、ネガティブ感情を持たず、平穏なリラックスした気持ちで、雑念を持たないようにしてください。ネガティブ感情を持ったまま、雑念を持ち、焦った気持ちのままでは、「大局観」を活用できず、自分目線の狭い視野にとらわれてしまいます。

また、否定的な言葉を話しかける他者をも寄せ付けないでください。そのような言葉は、どんなにあなたと親密な人の語り掛けであっても、「大局観」を活用するときには、雑音（ノイズ）でしかありません。

⑷⑷ 自制心

不安、怖れなどのネガティブ感情をコントロールできる人。挑発にのらず滅多に怒らない人。常に冷静な人。甘い誘惑にのらず、ダイエットや禁煙などの長期的な目標を達成できる人。

このようなタイプのいずれかに当てはまる人は、「自制心」を持つ人と言えます。

■「自制心」の特性

「自制心」を辞書で調べると、「自分の感情や欲望をうまく抑えたりコントロールしたりする気持ちや精神力」と記されています。

「自制心」を持つ人は、どのような状況においても滅多に取り乱すことはありません。常に冷静に対処することができます。逆境や試練にあっても、ネガティブ感情に振り回されることなく、状況を打開する行動を粛々ととることができるのです。

このように、「自制心」の特性は、「常に一定のパフォーマンスを発揮すること」と言えます。

■「自制心」の職場での活用法

①クレーム対応を買って出る

お客様がクレームを言うとき、ときおり興奮して自分がとても理不尽な扱いを受けたと捉え、激高する方もいらっしゃいます。そのようなお客様にも、「自制心」の強い人は、お客様に敬意を持って接することができ、お客様の興奮を収めることが可能です。

「自制心」を持つ人は、その強みを存分に活用できるクレーム対応の仕事を買って出てみてください。

② 感情の起伏の激しい仲間の相手をする

職場の上司や仲間の中には、感情の起伏が激しく、些細なことで怒って周囲に当たったり、失敗に際して過度に落ち込み、深く悲しんだりする人がいます。

「自制心」の強い人に、そのような感情の起伏の激しい人の対応を任せてみてください。相手の感情に左右されることなく、同情することなく、適切に対応することができます。仲間も「自制心」の強い人のそのような行動を見て、冷静さを取り戻すことができるはずです。

③ 組織の長期的プロジェクトに従事させる

「自制心」の強い人は、ゴールがなかなか見えない長期的なプロジェクトにおいても、誘惑に負けず、モチベーションが下がらず、まるで日常生活の歯磨きや食事などのルーティンワークをするかのように、ぶれずにペースを守ってパフォーマンスを維持します。

そのような「自制心」の強い人が長期的プロジェクトに従事すると、他のメンバーにも良い意味で影響を与え、同調してきます。その結果、モチベーションが高いまま維持され、生産性が向上します。

■「自制心」の誤った使い方

自分の本当に行いたいこと、欲しいことを自制することは避けてください。自分が心の底からワクワクすること、時間を忘れて楽しむことに対して「自制心」というブレーキをかけるようなことはしないでください。

㊺ 思慮深さ

物事をじっくり考える人。直感で判断せず、一度は調べてみる人。丁寧に言葉を選びながら話す人。

このようなタイプのいずれかに当てはまる人は、「思慮深さ」という強みを持つ人です。

■「思慮深さ」の特性

「思慮深さ」とは、「物事を注意深く、十分に考えるさま、性質」を言います。

「思慮深さ」を強みに持つ人は、どのような状況においても、パニックにならず、思考せずに慌てて行動しません。逆境においても、限られた短い時間の中で、熟慮し、最適な行動を考え、実行に移そうとします。

「思慮深さ」の特性は、「じっくりと物事を調査して判断すること」となります。

■「思慮深さ」の職場での活用法

①状況を熟慮し、分析する

「思慮深さ」を持つ人は、どのような状況においても焦って行動せず、状況と自分の立場をじっくり考え、調査した新たな情報や、過去の経験で得たことなどをもとに行動に移します。そのような行動は、焦って浅はかな決断をする過ちを未然に防いでくれます。

所属する組織が困難な局面に立たされたとき、「思慮深さ」を活用して、浅はかな決断と行動を防いでください。

②リスクとベネフィットのバランスをとる

ビジネスにおいて、どのような状況であれリスクは存在します。「思慮深さ」を持つ人は、状況のリスクの存在を正しく認識し、リスクをあえてとったときの利益と損益、リスクを回避した場合の利益と損益を分析することができます。

組織がリスクにさらされた状況において、「思慮深さ」を活用し、リスクをとる選択（リスクテイキング）とリスクを避ける選択のうち、どちらが最適かを判断する資料を示してください。

■「思慮深さ」の誤った使い方

「思慮深さ」を過剰に活用すると、勇気ある行動をとりづらくなる弊害が生じます。そのようなときは、「勇気」や「行動欲」という強みを持つ人と仕事をし、意見を聴きながらバランスよく活用してください。

(46) 社会的つながり

多くの友人をつくれる人、つくっている人。しっかりとしたメンターやサポーターがいる人。友人を他の友人に紹介し、絆をつなぐことが好きな人。友人の中から共通性を見いだし、その共通性をもとにコミュニティをつくれる人。

このようなタイプのいずれかに当てはまる人は、「社会的つながり」という強みが豊富な人と言えるでしょう。

■「社会的つながり」の特性

「社会的つながり」とは、「両親、兄弟などの家族、幼なじみや学校時代の友人、恩師、職場の上司や同僚、後輩、お客様や取引先、地域社会での人々、ＳＮＳでつながった人との絆、交流」を指します。

「社会的つながり」は、逆境を乗り越えるために貢献する強力なサポーター、資源となります。それ以上に、私たち人間が幸福な人生を過ごす上で、「社会的つながり」は重要な強みです。人間は一人では生きていくことができません。心理学者、アドラーは、他者に関心を抱き、自分の持っている資質、強みを最大限に活用して他者貢献することが幸福だと定義しています。また、ポジティブ心理学者、クリストファー・ピーターソン博士は、ポジティブ心理学を一言で表現すると、「他者は大切だ（other people matter）」と説いています。人が喜びや幸福を感じるときは、多くの場合、他者とともにいるときに感じます。また、幸福感や、愛、歓喜といったポジティブ感情は、他者と共有したとき増幅します。幸福な人生とは、他者と良好な関係を築き、幸福感を共有する人生といっても過言ではないように思います。

このようなことから、「社会的つながり」の特性は、「幸福な人生を送れること」「社会的サポーターを構築できること」と言えるのではないでしょうか。

■「社会的つながり」の職場での活用法

①人と会う機会を増やす

「社会的つながり」を活用し、多くの他者と会ってください。今の友人を誘ったり友人と同行したりしてちょっとしたパーティーや異業種交流会に参加し、新たな「社会的つながり」をつくってみてください。あなたのステージを高め、価値ある幸福な人生を歩める素晴らしい化学反応が生まれるかもしれません。

② 相談に乗り、相談する

「社会的つながり」を活用し、友人や知人の相談にのったり、相談したりしてコミュニケーションをとってください。考えてもみなかったアイデアや知識を得たり、自分は体験していない友人・知人の体験を借りたりすることができます。また、あなたも自分の持っている強みや知識を友人・知人に提供することで、友人・知人を支援し感謝されます。

そのようなコミュニケーションによって得られた資源は、幸福な人生においても、逆境を克服するときにも役立ち、貢献するものです。

■「社会的つながり」の誤った使い方

「社会的つながり」を活用するときは、強い依存心を持って、与えてもらうだけを考えないようにしてください。まず最初にあなたが友人・知人に与えること、貢献することを考え、行動してみてください。そうすれば、必ずあなたに支援が返ってきます。

■まとめ

逆境・試練にあったときに役立つ強みとその活用法をまとめると、次のようになります。

強み	職場での活用法
(42)レジリエンス	①逆境を正確に捉える。 ②状況の捉え方を変える習慣をつける。 ③自分と仲間の強みを活用する。
(43)大局観	①瞑想する。 ②宇宙に思いをはせる。 ③内省し、セルフトークをする。
(44)自制心	①クレーム対応を買って出る。 ②感情の起伏の激しい仲間の相手をする。 ③組織の長期的プロジェクトに従事させる。
(45)思慮深さ	①状況を熟慮し、分析する。 ②リスクとベネフィットのバランスをとる。
(46)社会的つながり	①人と会う機会を増やす。 ②相談に乗り、相談する。

第3章

人格の強みを発見し、活用しよう！

「あらゆる者が、強みによって報酬を手にする。弱みによってではない。したがって、常に最初に問うべきは、『われわれの強みは何か』である」。
（ピーター・ドラッカー）

前章では、人と組織を活性化させる46の「人格の強み」それぞれについて、どのような人にそれらの強みがあるか、それぞれの強みの特性、職場での活用法、誤った使い方を記述しました。本章は、「人格の強み」を発見し、それらを活用する戦略を立て、実行する方法を記します。

1　人格の強みを発見しよう！

ここでは、46の「人格の強み」のうち、自分で自覚している強み、潜在的な強み、活用している強み、これから開発したい強みを発見する方法を紹介します。

これまでに46の「人格の強み」を持っている人の特徴を記しましたので、自分がどのような強みを持っているかをぼんやりと自覚しているかと思います。ただ、まだ心の中には自覚していない隠れた強みも多く存在していると思われます。

第1章で解説したように、「人格の強み」は、理解するだけで幸福度が上がる効果がありますが、それを仕事や日常生活で活用すると、幸福度は長期間向上し続けることがわかっています。

いままで自覚していなかった隠された強みを見いだし、それを活用していくと、幸福度がさらに増します。幸福度が上がれば、仕事も日常生活も充実して過ごすことができ、職場でのパフォーマンスが高まり、その結果、業績・成績が上がります。

自分の持つ「人格の強み」は、いくつかの診断ツールを活用すると明らかにできますが、時間がかかり、診断ツールによっては費用もかかります。

私がさまざまな企業研修で行っている強み発見の演習は、心理学的にエビデンスがあり、手っ取り早く判断できる方法です。職場の仲間と行うと、コミュニケーションが増し、組織が活性化する効果も期待できるものになります。その方法をこれから紹介します。

(1) 至高体験（ピークエクスペリンス）を思い出す

私たちは、今までの人生の中で、最高の喜びに満ちた刺激的な瞬間を体験することがあるかと思います。そのような体験を、心理学者のアブラハム・マズローは、至高体験（ピークエクスペリエンス）と呼びました。

最高の喜びに満ちた瞬間のような体験をしないまでも、人は誰でも何事かをやり遂げた体験、ベストを尽くして成功した経験、何事かを達成した経験を持っているはずです。

そのような至高体験、あるいはベストを尽くした成功体験、達成経験の過程では、とても充実した意義深い価値を感じる感覚、心の底からエネルギーが湧きだすようなワクワクとした感覚を感じ取っていたかと思います。そのようなとき、人は、その人が本来持つ「人格の強み」を活用していたと考えられます。なぜなら、「人格の強み」には、幸福感や充足感が生まれ、エネルギッシュになり、集中力が高まって能力が発揮されやすくなり、目標が達成しやすくなる効果があるからです。

自分の「人格の強み」を探求し、見いだすとき、まずは、過去に体験した至高体験、またはベストを尽くした成功体験、深い充実感を味わった達成経験を思い出してください。そして、それらの体験を振り返り、その途中でどのような感情を抱いていたか、どのような人に助けられたか、どのような障害があり、それをどのように乗り越えたか、具体的に思い出してください。

⑵ 至高体験、成功体験、達成経験で活用した強みを振り返る

今までの人生で経験した至高体験、成功体験、または達成経験を具体的に振り返ったのち、そのような体験において、46の「人格の強み」のうち、どのような強みを活用したか、思いつくまま記録してみてください。前章で、46の強みそれぞれの特徴や特性を記しましたので、それらを参考にしながら、過去の記憶をたどってください。

ここから私の過去の至高体験、成功体験を例にしながら、「人格の強み」を発見する方法を説

明しましょう。

私は、今のレジリエンス・トレーナー、強みベースのビジネスコーチ・コンサルタントの仕事をする前は、教育出版社の編集者として仕事をしており、文部科学省検定の高校教科書の編集に携わっていました。

入社3年目のとき、検定申請した2冊の教科書が同時に不合格となる出来事が起こりました。その教科書は、入社したての私もスタッフの一員としてかかわっていたものでした。

その2冊の教科書は、その会社としては売れ筋の商品で、発行されていれば、相当の売上が見込まれたものでした。ところが、検定不合格となったため、発行が1年以上遅れ、競合他社との販売競争にも後れを取る事態となりました。

2冊の教科書の編集担当者であるかつての私の上司は失意のためか、戦意喪失し、すっかりやる気を失った様子でした。主力の執筆者である大学教授とともに、顔を合わせれば、文部科学省の愚痴をこぼす状況でした。

会社から命じられ、自分でも覚悟していた私は、その2冊の教科書の文部科学省検定再提出の編集責任者として、きわめて短期間の過酷な作業に従事することになりました。

働き方改革など考えられもしないバブル末期の20年以上前の話なので、そのときの作業は過酷を極めていました。徹夜作業の繰り返しで、月の残業時間は２００時間を超えることがたびたび起こりました。労働時間ではなく、残業時間が200時間に達しているのです。当時は今以上に長時間残業の弊害は社会問題となっていませんでしたが、それでも過剰労働が原因となった過労死、自殺する事例も報じられており、このままこんな調子で仕事していたら、過労死するなあと思った記憶があります。

そのような状況で、毎日が辛い気持ちを持っていましたが、不思議と不安や怒りといったネガティブ感情は起こりませんでした。そして、あきらめようという気持ちはまったく思いませんでした。間に合わないかもしれないという思いがよぎることはありましたが、それを思った瞬間、なんとしてでもやり遂げ、再提出を成し遂げると決意を新たにしました。それは、こんなことで絶対に諦めたくないと思ったこともありますが、教科書を気に入ってくれて待ってくれる現場の先生の期待を裏切れないという思い、営業担当者にこれ以上迷惑をかけられないという気持ち、自分を責任者に抜擢した会社に感謝し、その期待に応えなければならないという感情が後押しし、高いモチベーションを維持して過酷な作業を肯定的に行っていたと思い返しています。

ベテランの執筆者の高校の先生、辛い作業を一緒に取り組んでくれた後輩社員、再提出の詰めの作業で、とても親切に手伝ってくれた編集部の仲間の支援があり、きわめて短期間ながら奇跡的に再提出できました。直後、安堵の気持ちが一気に湧き出し、手近にあった椅子にどっと座り込み、しばらく立ち上がれなかったことを思い出しました。

再提出した教科書は、営業社員の奮闘により、採択部数１位となり、10年間、私の手がけた教科書は、市場シェアトップとなりました。

私は、この経験を今振り返り、46の強みのうち、「統率性」「感謝」「責任感」「勤勉性」「レジリエンス」「忍耐」という強みを活用していると見いだしました。

(3) 至高体験、成功体験、達成経験を仲間・友人に共有し、強みを指摘してもらう

自分の過去に経験した至高体験、成功体験、あるいは達成経験を振り返り、体験のストーリーの詳細や、当時感じた感情を具体的に思い出してください。そして、そのとき活用したと考えられる「人格の強み」を見いだすと、自分が本来持っている強みを把握することができます。

それが終わったら、次のステップに移りましょう。職場の仲間、友人に協力してもらい、自分の至高体験、成功体験、達成経験をできるだけ詳細に感情をこめて話して共有してください。そのとき、自分が見いだした強みは、まだ話さないでください。

体験を話し終わったのち、話を聴いた仲間、友人一人ずつから、「人格の強み」を指摘してもらってください。数はいくらでもかまいません。そのとき、１つの強みについて、聴いた体験のどのエピソードから強みを選んだのか、理由を語ってもらってください。

⑷ ジョハリの窓で強みを整理する

自分で見いだした強みに加え、仲間や友人から選んだ強みが明らかになったら、それらの強みを「ジョハリの窓」（P198）を活用して整理してください。

「ジョハリの窓」とは、心理学者ジョセフ・ルフトとハリ・インガムが考案した対人関係における気づきのグラフモデルです。2人の名前をとり、この名が付けられました。

ジョハリの窓は、他者との関係の中から自己への気づきを促し、他者との円滑なコミュケーションの促進、自己の潜在的な能力の発見と開発などに使われるツールです。このツールを、自分の強みの整理に活用しましょう。

次の手順で、ジョハリの窓に強みを記入してください。

①自分が発見した強みのうち、仲間や友人にも指摘された同じ強みは、「開放の窓（自分も他人も知っている）」に記入してください。

②仲間や友人が選んだ強みのうち、自分は選んでいないものは、「盲点の窓（他人は知っているが自分は知らない）」に記入してください。

③自分が発見した強みのうち、仲間や友人に指摘されていない強みは、「秘密の窓（自分は知っているが他人は知らない）」に記入してください。

④自分も友人も選んでいない46の強みのうち、自分が活用して心地よいもの、無理せず活用できるもの、これから開発したいものを選び、「未知の窓（自分も他人も知らない）」に記入してください。数に制限はありませんが、５つをめどに絞って選ぶとよいと思います。

前述した私の達成体験を例に示して、整理の手順を説明します。

私は、過去の達成体験を振り返り、そのとき私が活用した強みとして「統率性」「感謝」「責任感」「勤勉性」「レジリエンス」「忍耐」を選びました。その後、私の達成体験をビジネスパートナー数名に話したところ、「責任感」「勤勉性」「レジリエンス」の３つは私と共通して選んでいただきましたが、そのほかに、「改善性」「組織活動性」「創造性」「楽観性」「向学心」「計画性」「誠実さ」「戦略性」を選んでいただきました。

その結果、

①「開放の窓」に入った強みは、責任感、勤勉性、レジリエンスになります。

②「盲点の窓」に入った強みは、改善性、組織活動性、創造性、楽観性、向学心、計画性、誠実さ、戦略性となりました。

③「秘密の窓」に入った強みは、統率性、忍耐になりました。

④「未知の窓」に入る強みとして、私は、愛、勇気、寛容、笑い笑わせること、好奇心、審美眼を選びました。

ジョハリの窓

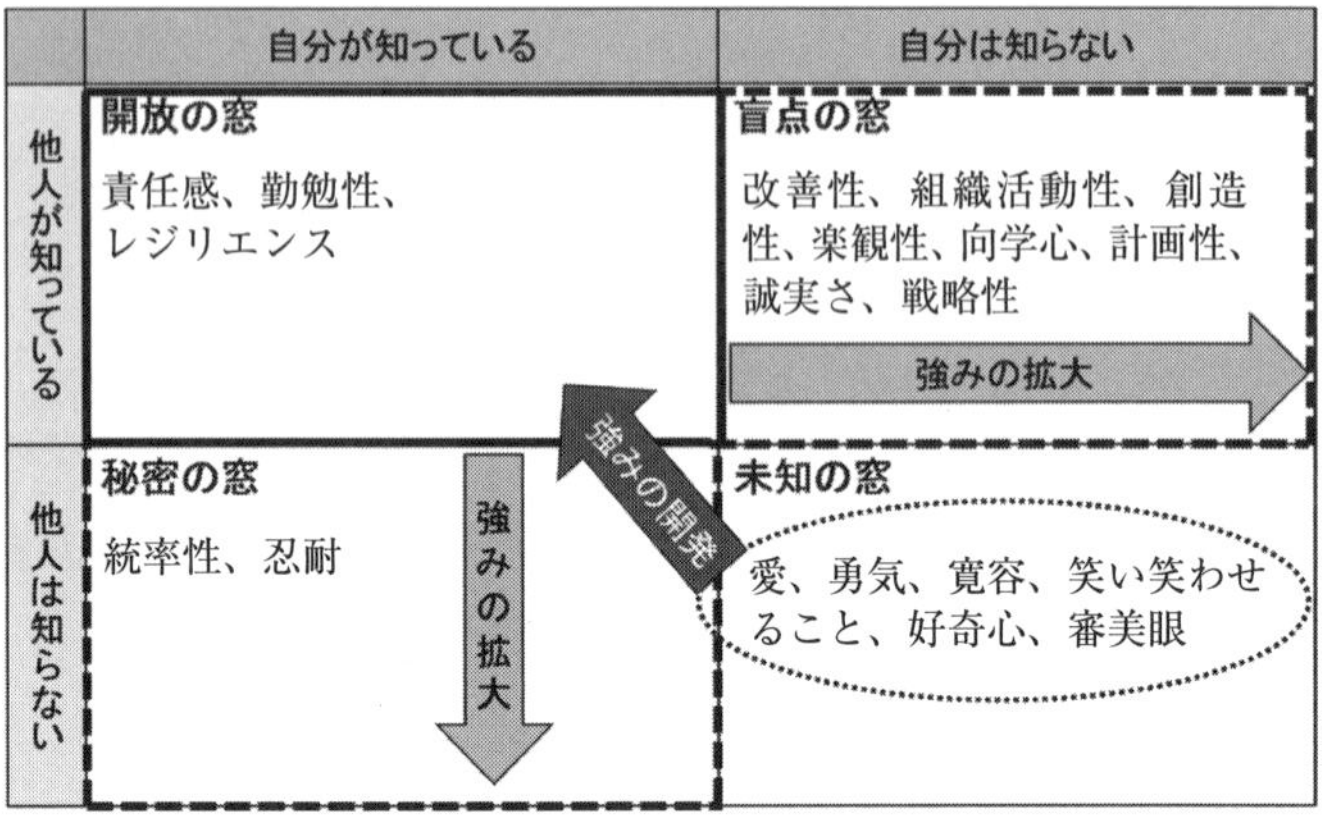

	自分が知っている	自分は知らない
他人が知っている	**開放の窓** 責任感、勤勉性、レジリエンス	**盲点の窓** 改善性、組織活動性、創造性、楽観性、向学心、計画性、誠実さ、戦略性 → 強みの拡大
他人は知らない	**秘密の窓** 統率性、忍耐 ↓ 強みの拡大	**未知の窓** 愛、勇気、寛容、笑い笑わせること、好奇心、審美眼

「開放の窓」に入っている強みは、職場で普段最も頻繁に活用している強みと考えられます。「盲点の窓」の強みは、普段、職場で活用しているけれど、「開放の窓」ほど頻繁に活用していない強みと判断できます。また、「秘密の窓」の強みは、自分では頻繁に活用していると思っているけれど、他者にはそう映らない強みと言えます。

「盲点の窓」と「秘密の窓」に入っている強みは、それを自覚してこれからの職場で活用することで、自分の持っている強みを拡大し、より幸福感、充足感、内発的モチベーションが高まり、職場でのパフォーマンスが上がってくるかと思います。

「未知の窓」に入っている強みは、それを意識して職場で活用することで、新たな強みが開発されることになります。

以上、自分の持っている強みの発見と整理の過程をまとめますと、次の手順になります。

①至高体験（ピークエクスペリンス）を思い出す。
⇩
②至高体験、成功体験、達成経験で活用した強みを振り返る。
⇩
③至高体験、成功体験、達成経験を仲間・友人に共有し、強みを指摘してもらう。
⇩
④ジョハリの窓で強みを整理する。

2　人格の強みを活用する戦略を立てよう！

ここでは、前項の作業によって整理した強みを仕事で活用し、開発していく計画・戦略を立てる方法を解説します。その方法には、ジョブ・クラフティングと呼ばれる手法を用います。

ジョブ・クラフティングとは、「job（仕事）を「crafting（手作業で組み立てる）」すると書き、文字通り、仕事を改めて見直し、組み立て直す作業になります。仕事を可視化し、自分の強みや能力を明らかにした上で、仕事の内容、仕事に対する認知・捉え方、人間関係を良い方向に変化させ、自分に適合できるように肯定的に再構築する手法です。心理学を基にした組織開発の介入法としてよく行われるワークになります。通常のジョブ・クラフティングは、2人以上のペアワーク、グループワークを行いますが、ここでは、1人で行うことを前提に手順を説明します。

(1) 自分の仕事の作業（タスク）を棚卸しする

まず、模造紙やA3用紙など大き目の紙を用意してください。最初のステップとして、自分の現在の仕事を見直し、作業（タスク）を細かく分けてください。用意した大き目の紙を「仕事の棚卸表」とし、その一番左に「（私の）作業」の欄をつくり、細かく分けた作業を列記してください。

私の仕事を例にして説明しますと、私の仕事は、「本の執筆」「研修への登壇」「研修資料、コンテンツの制作」「ブログの投稿・更新」「メールマガジンの執筆・配信」「企業の研修担当者との打ち合わせ」「研修エージェントの担当者との打ち合わせ」「営業活動・商談」「領収書整理、収支計算」などがあります。棚卸したこれらの作業を表の左端の欄に列記してください。

⑵ 各作業に対する感情を振り返る

自分の仕事を細分化し、左端に列記したら、それぞれの作業に対して抱いている感情を思い返してみてください。

その作業をしているとき、どのような感情を抱いているでしょうか。多くの時間「心地よい」と感じているでしょうか。「ワクワク」した感情を持っているでしょうか。あるいは、辛い感情、心地よくない不快な感情を抱いているでしょうか。やるのが辛いけど仕方ないので、仕事なのでやっている作業なのでしょうか。または、心地よいポジティブ感情も不快なネガティブ感情も感じず、中立的な淡々とした感情を抱いているのでしょうか。

各作業に対する感情を思い返したら、その感情を「作業」の右横に「感情」の欄をつくり、列記してください。私の例を示すと、「本の執筆」の作業しているときは、私は常にワクワクするポジティブな感情を抱いていますので、「ワクワク」と記します。また、「研修エージェントとの担当者との打ち合わせ」の作業は中立的な感情を抱いていますので、それを記入します。さらに、「領収書整理」のような単純な作業は、私には退屈でとても辛く不快な感情を持っているので、「不快な感情」と記します。

各作業の感情の振り分けが終わったら、次に、それらをポジティブ感情、中立的な感情、ネガティブ感情の3つに分類します。

感情の分類は、色付きの付箋を活用すればわかりやすいと思います。「ワクワク」や「心地よい」といったポジティブ感情の欄には緑色の付箋、中立的な感情の欄には黄色の付箋、「辛い」とか「不快な感情」の欄には赤色の付箋をそれぞれ貼ってみてください。

⑶ 各作業で活用している強みを振り返る

作業の細分化と感情の振り返りが済んだら、各作業で活用している「人格の強み」の振り返りを行いましょう。

各作業において、46の「人格の強み」のうち、活用しているものを振り返ってください。この強みは、ジョハリの窓で整理した強み以外のものを選んでもかまいません。ジョハリの窓で整理した強みにこだわらずに46の強みから選んだ方が、後の棚卸表の見直しや行動戦略を立てる段階でより効果的なものができると思います。

各作業で活用している強みを振り返ったら、「感情」の右横に「強み」の欄をつくり、記入してください。例えば、「研修の登壇」という作業では、「統率性、責任感、柔軟性、愛、寛容、笑い笑わせること」を活用しているので、それを記入します。また、「領収書整理」という作業では、「誠実さ、緻密さ、思慮深さ」を活用しているので、それを欄内に記します。

(4) 各作業の仕事観を考える

次のステップでは、棚卸した各作業について、自分の仕事全体にとっての意味、または、自分の人生にとっての位置づけ、意義、つまり「仕事観」を考えてください。

各作業の「仕事観」は、次の視点で考えてみてください。

(1)その作業は、仕事だから仕方なくしているものですか。やらずに済むのならやりたくないし、やらないものですか。

(2)その作業は、自分の仕事での成長、スキルアップ、キャリアアップにつながるものですか。その作業を続ければ、将来、出世や給与のアップなど、条件面が向上するものですか。

(3)その作業は、自分の人生において深い意義をもたらすものですか。その作業は、自分にとって天職で、他者貢献、社会貢献などの貢献意欲を感じさせるものですか。

(1)〜(3)は、「ジョブ」「キャリア」「コーリング」という3つの仕事観をわかりやすく表現しています。(1)に当てはまる作業は、「ジョブ」という仕事観を感じている作業になります。同じように、(2)は「キャリア」、(3)は「コーリング」に相当します。

上記の(1)〜(3)の視点で各作業の仕事観を考えたのち、「強み」の右横の欄に「仕事観」の欄を設け、作業ごとに「ジョブ」「キャリア」「コーリング」と分けて記入してください。

記入後は、「感情」の分類と同じように、付箋を活用して3色に分けてみてください。「ジョブ」は赤色の付箋、「キャリア」は黄色の付箋、「コーリング」は緑色の付箋を貼って分類してみてください。

⑸ 仕事の棚卸表の全体像を見直す

「仕事観」の欄まで記入を終えたら、一度、仕事の棚卸表全体を見直してください。緑、赤、黄色の付箋の状態はどうでしょうか。色のバランスはいかがでしょうか。

緑色が多い棚卸表の場合は、毎日の仕事が楽しく、エネルギーが湧きでてとてもポジティブに活動的に仕事をされているのではないかと思います。また、赤色が多い棚卸表の場合は、毎日の仕事が辛くストレスを強く感じられるもので、やる気が起こらないのではないかと推察されます。

棚卸表のうち、赤色や黄色の多い作業は、その作業を減らすか捉え方を変えて感情や仕事の意味、意義を変える方向で戦略を考えます。また、緑色の多い作業は、それを増やすか現状維持する戦略を考えましょう。それには、自分の持っている「人格の強み」を活用すれば、幸福感や充足感、高い内発的モチベーションが生まれます。

⑹ 強みを活用する行動戦略を立てる

棚卸表の各作業のうち、強みを活用する行動戦略の優先順位は、次の順序を参考に立ててください。

①「感情」と「仕事観」がともに赤色の作業

この作業は、行っていて不快な感情を抱き、かつ、仕方ないから行っているという、かなりモチベーションやエネルギーの下がる作業になっています。

まず不快な感情を抱いた理由として、この作業をどう捉えたか考えてみてください。「単純作業で退屈だ。」とか、「自分の能力を超えた難しい作業」だとか、さまざまな否定的な捉え方をしているからこそ、その作業に対して不快な感情を抱いているかと思います。

作業に対する否定的な捉え方がわかったら、その捉え方について、別の捉え方はないか、肯定的な意味合いはないか、否定的な捉え方に反論できないか、考えてみてください。私の場合を例に示しますと、「領収書整理」の作業が私にとっては「感情」が赤色、「仕事観」が赤色の作業ですが、私はこの作業について「単純作業で、緻密な作業を伴うストレスのたまるもの」という否定的な捉え方をしていました。その捉え方を考え直し、「かかった経費の内訳が把握でき、より創造的生産的な作業に経費を配分できる作業」と肯定的な意味合いをみつけ、捉え直しました。そうすると、不快な感情がやわらぎ、中立的な感情になり、創造的な作業に費やすこと想像するとワクワクした心地よい感情が芽ばえてきました。

このように、作業の否定的な捉え方を見直し、別の捉え方、肯定的な捉え方に変えることによって、不快な感情を中立的な感情またはポジティブ感情に変えることができます。

次に「仕事観」については、まず活用している強みを見直してみてください。それらは本来自分がよく活用している強みでしょうか。自分が活用していない強みで、活用しているとエネルギーを消耗する強みを活用していないでしょうか。

「仕事観」が赤色の場合は、本来自分が活用している強みを普段あまり活用しておらず、自分にとって使うとエネルギーを消耗し、疲れる別の強みを活用している場合があります。その場合、自分の本来の強みを活用して、その作業をキャリアやコーリングと捉えることができる側面がないか考えてみてください。

私の場合、「領収書整理」の作業では、誠実さという本来の自分の強みを活用していましたが、その一方で、「緻密さ」や「思慮深さ」など、自分にとってエネルギーを消耗する強みを活用していることがわかりました。ただ、不快な感情を変換したところで述べましたように、この作業を「より創造的生産的作業に経費を配分できる作業」と肯定的な意味合いのあるものに捉え方を変えましたので、自分の持つ「創造性」「向学心」「戦略性」といった強みを活用することを考えました。そして、強みを活用する計画・戦略を具体的に考えてみました。

まず、「領収書を勘定項目ごとに振り分けるとき、創造性を活用して創造的活動に費やしたものとそうでないものとに振り分ける」という計画を立てました。また、「向学心を活用して情報収集に費やしたものとそうでないものとに振り分ける」計画を立てました。さらに、「領収書整理が終わった後、全体を見直し、創造的活動や情報収集に費やしていないものを減らして創造的活動や情報収集に予算を配分する戦略を立てる」といった計画も立てました。

このように、自分の本来の持ついくつかの強みを活用する戦略を立てると、「仕方なくしている」ジョブと捉えていた「領収書整理」という作業が、「今後のステップアップ、成長につながる」キャリアという仕事観に変わってきたのです。

自分本来の強みを活用する戦略を立てても、「仕事観」が変わらないようであれば、強みを活用して、その作業の時間、量を減らすように考えてください。私の場合は、社会的つながりという強みを活用し、「領収書整理」の得意な協力者、あるいはアルバイトを探し、その方に依頼して自分の作業の負担をなくすという戦略を立てることができます。

②　「感情」「仕事観」のいずれかが赤色、いずれかが黄色の作業

「感情」「仕事観」のいずれかが赤色の行動戦略の立て方は、①と同じです。

「感情」が「中立的な感情」である作業については、その作業に対して否定的な捉え方はして

いないですが、肯定的な捉え方もしていません。ですから、作業を改めて見直し、肯定的な側面や意味合いをみつけてみてください。

「仕事観」が黄色の作業、つまり、キャリアとして捉えている作業については、①のジョブのときと同じように、活用している強みを見直し、さらに活用できる強みはないか、エネルギーを消耗している強みを活用していないか考えてみてください。

私の例で説明しますと、私の作業のうち、「研修エージェントの担当者との打ち合わせ」は、キャリアと捉えていたものですが、すでに活用していた強みの他に、「責任感」や「統率性」の強みを活用することを考え、「責任感を活用して、研修を受講される企業の社員の成長や行動変容を約束する研修プログラムをともに策定する」といった行動戦略を立てたり、「統率性を活用して、受講者の成長に貢献する研修プログラムの策定と成約をリードする」といった行動計画を立てたりしました。

その結果、その作業に対して「仕事での成長、スキルアップ、キャリアアップにつながる」といったキャリアとしての捉え方から、「人生において深い意義をもたらすもの」、あるいは、「他者貢献、社会貢献などの貢献意欲を感じさせるもの」というコーリングに変わってきたことを自覚しました。

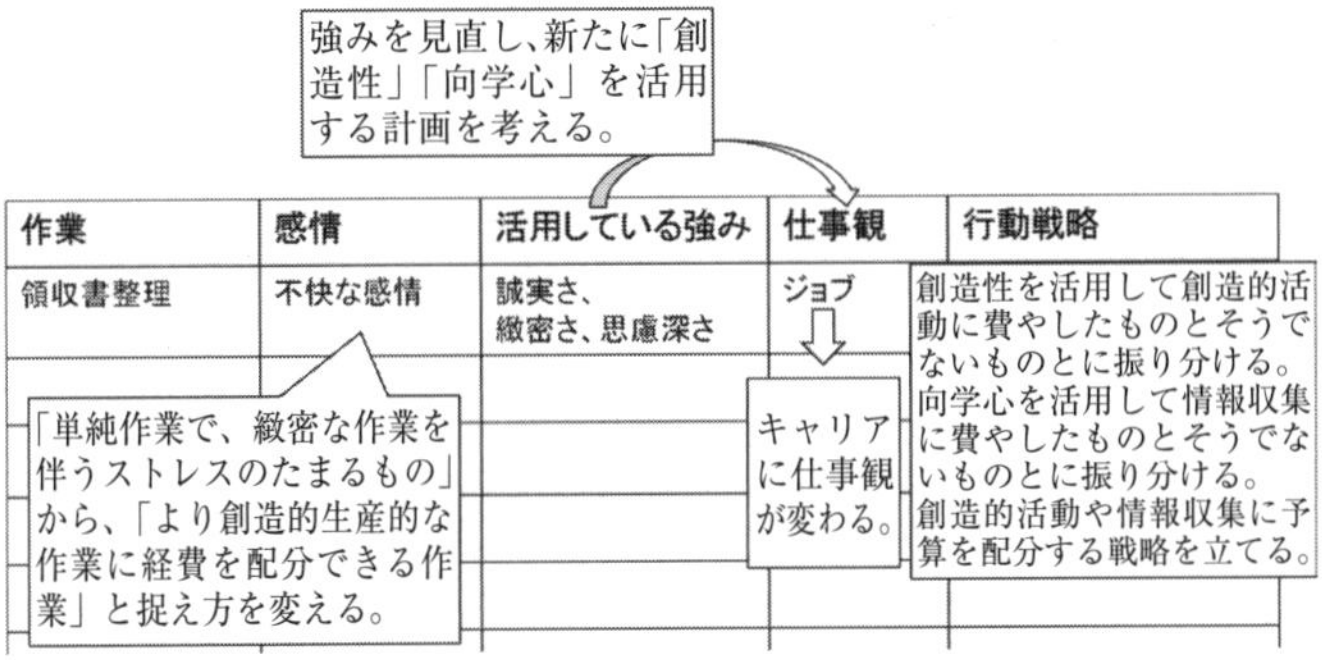

作業	感情	活用している強み	仕事観	行動戦略
領収書整理	不快な感情	誠実さ、緻密さ、思慮深さ	ジョブ ↓ キャリアに仕事観が変わる。	創造性を活用して創造的活動に費やしたものとそうでないものとに振り分ける。向学心を活用して情報収集に費やしたものとそうでないものとに振り分ける。創造的活動や情報収集に予算を配分する戦略を立てる。

「単純作業で、緻密な作業を伴うストレスのたまるもの」から、「より創造的生産的な作業に経費を配分できる作業」と捉え方を変える。

③「感情」「仕事観」いずれかが黄色、いずれかが緑色の作業

「感情」「仕事観」のいずれかが黄色の行動戦略の立て方は、②と同じです。

「感情」が「ポジティブ感情」である作業については、感情や捉え方を変える必要はありません。それらを維持することを考えてください。

「仕事観」が緑色の作業、つまり、コーリングとして捉えている作業については、現状のまま維持するか、さらに人生において意義深いものと捉え直して、作業の質や量を増やす方向で考えてみてください。その際にも、活用している強みを見直すことが有効になります。

棚卸表の強みの欄を見返し、活用している強みの他に、まだ自分の本来の強みが活用できないか、その行動戦略を考え、立ててみてください。そうすることで、さらに人生において意義深いコーリング、さらに他者貢献、社会貢献できるコーリングに生まれ変わるかもしれません。これ以上、意義深い捉え方が

難しいようであれば、現状維持でもよいと思います。

以上、自分の強みを仕事で活用し、開発していく計画・戦略を立てる方法をまとめますと、次の手順になります。

仕事の棚卸表の各作業において、「感情」の捉え方、「仕事観」の捉え方を見直し、自分の強みの活用計画、行動戦略を立てることで、今現在の自分の仕事の意義を深め、貢献意欲（エンゲージメント）や内発的モチベーションを高めることができます。そうして今以上に幸福感を持って仕事に取り組んでください。

①自分の仕事の作業（タスク）を棚卸しする。
⇩
②各作業に対する感情を振り返る。
⇩
③各作業で活用している強みを振り返る。
⇩
④各作業の仕事観を考える。
⇩
⑤仕事の棚卸表の全体像を見直す。
⇩
⑥強みを活用する行動戦略を立てる。

3　さあ新境地へ挑戦し、成功しよう！

自分の強みを発見し、現在の仕事での活用計画を立てたら、次に、未来を拓くことに強みを活用してみてください。

今現在立っているステージよりもはるかに高いステージや新境地へ成長するため、理想とする未来像や望んでいる将来に達するため、自分の持っている強みを最大限に活用する戦略を立ててください。最大限に強みを活用すれば、最小限の努力で、予想通りの未来像に達することができます。ドラッカーが言うように、強みによって思い描いた報酬を得ることができるのです。

(1) 壮大な接近型の目標を立てる

第2章の3で目標達成に役立つ強みでも記しましたが、人間は、何か目標を立てなければ、長生きすることができない調査結果が出ています。ですから、私たち人間が生きていくには、何らかの目的を持ち、目標を立てなければなりません。

■回避型目標と接近型目標

目標を立てるときは、回避型ではなく、接近型の目標を立ててください。

回避型の目標とは、望ましくない結果を回避する目標です。例えば、「試験に失敗しないように不合格にならないように頑張る」とか、「左遷、降格されないように仕事を頑張る」とか、「他社との競争に負けないように商品企画する」などのような目標が回避型目標にあたります。

一方、接近型の目標とは、望ましい結果を想起させる目標です。例えば、「試験に合格するように頑張る」とか、「昇進、昇格するように頑張る」とか、「他社との競争に勝つように商品企画する」などの目標が接近型目標に当たります。

結局、回避型目標も接近型目標も同じじゃないの？と思われるかもしれません。ところが、表現が変わると、まったく異なる未来が生じることがあります。いや、まったく逆の将来像になる可能性がきわめて高くなります。

■アンカリング効果

回避型目標には、後ろ向きで弱気な気持ちがこめられ、将来へのネガティブな不安、失敗を予期させる思い込みが含まれています。また、「〜しない」といった否定的な表現を使う場合が多いです。このような回避型目標を立てると、人は、脳に望ましくない結果がイメージされ、それに脳が囚われてしまいます。脳が望んでいない失敗を選択し、焦点を当ててしまうのです。

このような脳の現象をアンカリング効果といいます。最初に印象に残った数字や物が、その後の判断に影響を及ぼす現象です。つまり、回避型目標を立てると、望ましくない結果・未来といった錨（アンカー）が脳に降ろされるのです。そうなると、望ましくない結果を意識して行動するようになり、その結果、目標達成がかなわなくなります。

回避型目標とは逆に、接近型目標には、前向きで熱意がこめられ、将来へのポジティブな期待、成功を想起させる予想がこめられています。また、「～できる」「～になる」といった肯定的な表現をとる場合が多いです。そうなると、アンカリング効果が働き、望ましい結果、成功した理想像が脳に刻まれていき、それを成し遂げるべく脳が働いていきます。

接近型目標を設定する方が、より成功しやすいことが脳科学的に証明されているのです。ですので、目標は、接近型目標として立ててみてください。

接近型で立てる目標は、「～しなければならない（have to）」といった義務的な目標ではなく、心の底から「なりたい」「やりたい」「欲している」（want to）の目標を立ててください。また、現時点で実現できるかどうかわからないような、想像を超えた壮大な目標を立ててください。例えば、「10年後、年収10億円以上の億万長者になる」とか、「10年後、日本中に支店を出している美容院のオーナーになる」とか、可能な限り器の大きな目標を立ててみてください。

⑵ 自分の理想像を思い描く（セルフイメージを高める）

壮大な接近型目標を立てたら、それをあたかも実現したようなセルフイメージを想像してください。目標を達成した自分の理想像を頭の中に具体的に思い描いてください。

目標を達成したセルフイメージを具体的に現実感を持って脳に焼きつけることが目標達成のカギとなります。将来の理想像を描いておきながら、心のどこかで、「到底実現はできそうにないな」とか、「こんな壮大な夢を描いたけど本当にできるだろうか」とか、少しでも不安に思ったり疑問を感じたりすると、目標の達成ができなくなります。なぜなら、人間は本来ネガティブ感情を強く抱く生物で、ポジティブ感情を持っているときでも少しのネガティブ感情が起これば、そちらにアンカリング効果が働くからです。ですので、自分の描いたセルフイメージを否定したり、実現に疑問を抱いたりしないように、達成した臨場感、現実感を強く脳裏に焼き付けるようにしてください。

それでは、どのようにネガティブ感情を排除して現実感たっぷりのセルフイメージを焼き付けるのか。私は、以下の2つの方法をお奨めしています。

①すでに実現している肯定的な宣言文をつくり、毎日それを声に出す（アファメーションする）。

②絵を描いたり、コラージュをつくったりして、すべての理想をかなえた最高のセルフイメージを可視化（ビジュアル化）する。

①の宣言文は、「～なりたい」とか「～希望している」とか願望を記すのではなく、すでに実現しているときの表現で書いてください。また、他者にどのような価値を与え、貢献して達成したのか、どのような感情を持ったのか、社会貢献、情感を含めた文を書くとより効果的です。例えば、「私は、10年後、私の企画する商品をお客様にご提供し続けることで他者貢献し、年収10億円以上の億万長者となっている。そして、そのお金を建設的に有意義に使い、社会に還元する」といったように宣言文を作成してください。

宣言文を作成したら、毎日、一度は声に出し、宣言してください。そして、脳にイメージを定着させてください。

②のセルフイメージの可視化（ビジュアル化）も、脳にセルフイメージを現実に起こったものとして焼き付けるために行うものです。絵やコラージュ以外にも、４コマ漫画を描いたり、パワーポイントで作成したりしても構いません。作成したビジュアルは、毎日必ず１度は眺め、セルフイメージの現実感を高めていってください。

⑶ セルフイメージを達成するための強み活用法をつくる

自分の理想像（セルフイメージ）を描き、その現実感を高めていったら、それを達成するために活用する強みを選びましょう。

まず、セルフイメージを達成するステップを細かく分けてください。10年後にセルフイメージを実現するのであれば、1年ごとの目標、マイルストーンを立ててみてください。

マイルストーンを立てたら、それを達成するために活用する強みを選び、前述した方法で具体的な活用計画、行動戦略を立ててください。例えば、将来の理想像が、「10年後、日本中に支店を出している美容院のオーナーになる」であれば、1年後に「まず本店を街の一等地に開店し、軌道に乗せる」という目標を立てたとします。それを実現するための強みとし

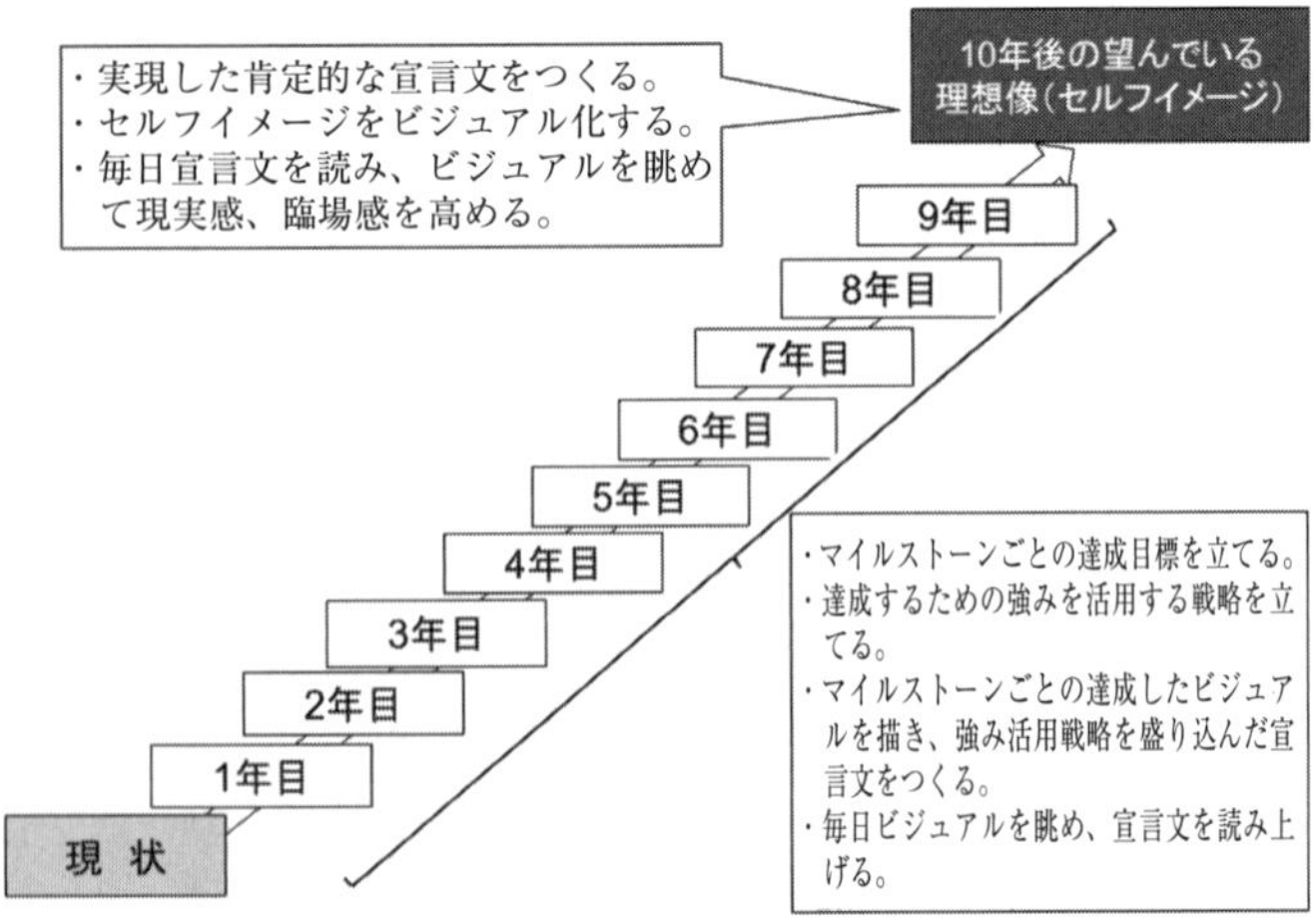
・実現した肯定的な宣言文をつくる。
・セルフイメージをビジュアル化する。
・毎日宣言文を読み、ビジュアルを眺めて現実感、臨場感を高める。
10年後の望んでいる理想像（セルフイメージ）
9年目
8年目
7年目
6年目
5年目
4年目
3年目
2年目
1年目
現　状
・マイルストーンごとの達成目標を立てる。
・達成するための強みを活用する戦略を立てる。
・マイルストーンごとの達成したビジュアルを描き、強み活用戦略を盛り込んだ宣言文をつくる。
・毎日ビジュアルを眺め、宣言文を読み上げる。

て、勇気、向学心、計画性であれば、「勇気を出して周囲を説得し、開店資金を集める」とか、「向学心を活用して、開店までに必要なノウハウを勉強する」とか、「計画性を活用し、開店計画のキックオフから開店までの計画を立てる」といった強みを活用する戦略を立ててください。

マイルストーンごとの強みを活用する戦略を立てたら、強みを活用する具体的な戦略を盛り込んだ宣言文を書いてください。そして、マイルストーンごとに達成したイメージをビジュアル化してください。セルフイメージの達成したビジュアルを眺め、達成する宣言文を読み上げるとともに、マイルストーンごとの達成画像と強み活用戦略を盛り込んだ宣言文も毎日眺め、読み上げてください。そうすれば、脳に強烈に達成したイメージが臨場感をもって記憶され、自然と自分の望む理想像を達成するために行動し、最短距離で目標を達成することになります。

以上、自分の将来の理想像を目標に掲げ、それを達成するための強みの活用法をまとめますと、次の手順になります。

①壮大な接近型の目標を立てる。
⇩
②自分の理想像を思い描く（セルフイメージを高める）
⇩
③セルフイメージを達成するための強み活用法をつくる。

⑷ ギャップアプローチとポジティブアプローチ

いままでは個人の理想像を目標に設定し、それを達成するために活用する強みの活用戦略、行動計画の立て方、実行法を記しました。ここからは、所属する組織の将来ありたい理想像、明るい未来像を目標に設定し、それを達成する戦略の立て方を記述します。

まず、課題・問題を解決する2つのアプローチ法を紹介します。1つはギャップアプローチ、もう1つはポジティブアプローチです。

ギャップアプローチとは、不具合の原因を追究し、その原因に対処して問題・課題を解決する方法です。原因の一つひとつに当たって潰していく対症療法的なアプローチ法になります。

ポジティブアプローチとは、組織として未来のありたい姿、理想像を掲げ、現状と掲げた理想像の違いを課題として捉え、その課題を解決して理想像を達成していくアプローチ法です。組織の構造や体制を根本的に変えて課題を解決する根治療法的なアプローチになります。

ギャップアプローチは、原因が明確になっている問題・課題を解決するには有効です。しかし、組織全体の問題・課題を解決するには、ギャップアプローチよりもポジティブアプローチが適していると考えられます。なぜなら、組織全体の問題・課題は、ほとんどの場合、原因がとても複雑で、明確でないものが多いので、課題の原因一つひとつに対処することは難しく、課題を

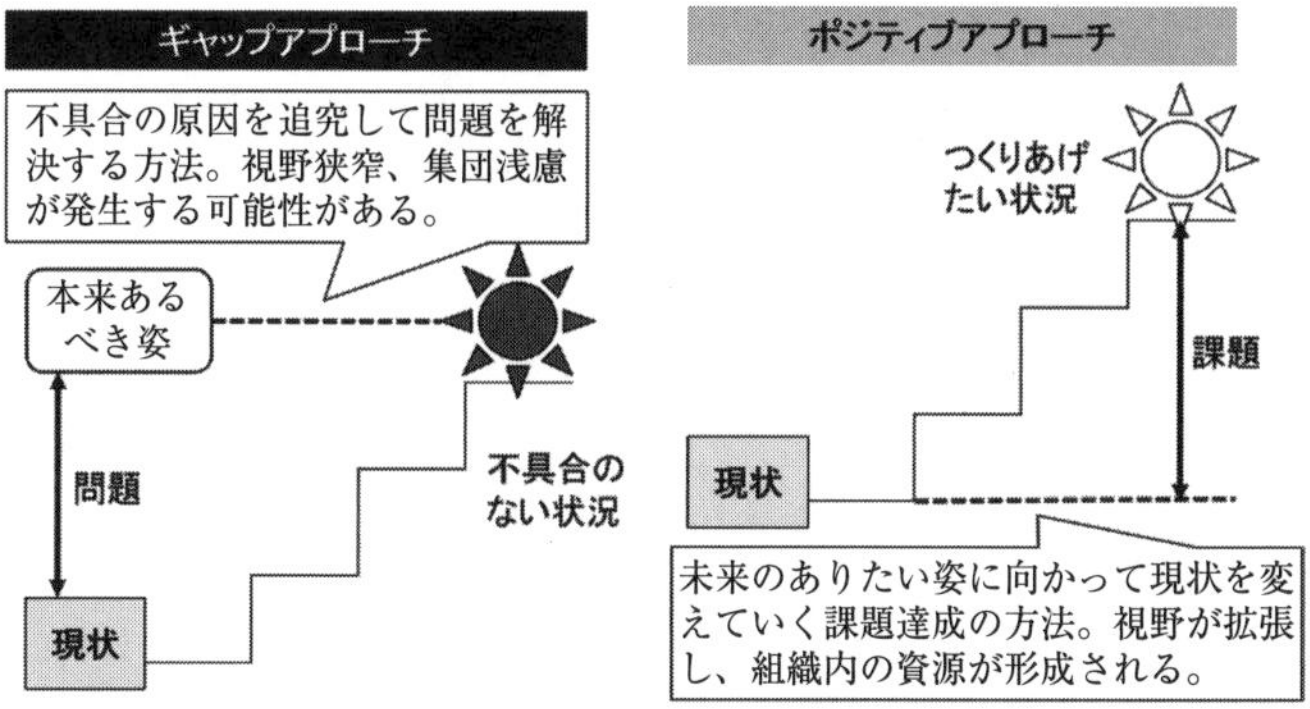

解決するに至らないからです。

　ギャップアプローチとポジティブアプローチとの違いは、回避型目標と接近型目標との違いにも似ています。ギャップアプローチは、回避型目標と同じように、ネガティブな状況に注目し、そこに対応していくというアプローチ法ですから、どうしても「ネガティブな状況」ということに焦点が当てられ、アンカリング効果が発生します。組織内で「ネガティブな状況」へのアンカリングが起こると、組織のリーダーの視野が狭くなり、組織全体の課題解決に対する適切な判断ができなくなります。いわゆる**集団浅慮**（集団が不合理な意思決定や危険な意思決定を容認してしまうこと）に陥りかねません。

　ポジティブアプローチは、接近型目標と同じように、望ましい理想像を掲げ、そこへ到達するための戦略を立てて目指していこうとするアプローチ法です。そうすると、「望ましい理想像」へのアンカリングが起こり、その理想像を目指すアプローチを妨害する外部情報を排除するようになります。

ポジティブアプローチをすると、ポジティブな状態を理想像に掲げるため、組織内に高い肯定的な状態（ポジティビティ）が生まれます。ポジティブ心理学者、ノースカロライナ大学のバーバラ・フレドリクソン博士の拡張形成理論によれば、高いポジティビティの状態になると、人も組織全体も、好奇心や創造性、学習意欲などが拡張します。広い視野に立って物事を見ることができるようになります。その結果、身体的、社会的、知的、心理的資源が形成され、目標達成に向けたさまざまなアイデア、戦略が生まれるようになります。

このようなことから、組織の目標を達成するための組織の強みを活用する戦略は、ポジティブアプローチで立てた方が適していると思われます。

⑸ メンバー個々の強み、成功要因を共有し、整理する

ポジティブアプローチで組織の目標を達成するための強みの活用戦略を立てる前に、組織内のメンバー個々の強みと、個々の至高体験の中での強みを活用した成功要因をメンバー全員で共有し、整理してみてください。

組織メンバー個々の至高体験を全員に披歴し、個々の本来持っている強みと至高体験に至った強みを活用した成功要因を共有してください。例えば、生産現場で月の生産台数が前年比で

30％増加したといった至高体験が披露されたとします。そのとき、そこで「改善性」という強みが活用され、成功要因として「改善性を活用して組織全体での生産ラインのロスを見いだし、そこを全員でカバーしたから」といったことが考えられます。そのように、個々の至高体験と活用した強み、強みを活用した成功要因を共有してください。

活用した強みと成功要因を共有したら、模造紙など大きな紙に記入して記録をとっておいてください。ＰＣでデータ化するのもよいですが、全員が一堂に会して可視できる大きな紙にまとめた方がその後の戦略の検討に適していると思います。

⑹ 組織の望ましい理想像、ありたい未来の姿をブレストしたのち、絞り込む

組織メンバー個々の強み、成功要因をまとめた模造紙は、いったんおいておき、次のステップとして、組織の望ましい理想像、ありたい未来の姿をテーマにしてブレーンストーミングを行ってください。

ブレーンストーミングのルールは、ご存知とは思いますが、念のため記しておきます。

① 相手の意見を否定しない。批判しない

ブレストの目的は、自由奔放なアイデアを生み出すことにありますので、それを制限するような判断、結論は慎まないといけません。他人の意見に反対だったり、批判する点があったりす

れば、次の段階のディスカッションに譲ってください。

② 突拍子もない大胆なアイデアを歓迎する

誰もが考えそうな意見ばかりだと、理想が小さく収まってしまいます。誰もが普通は考えないようなユニークな意見、ありえないようなアイデア、実現なんかできっこないと誰しもが思うような斬新な理想像を自由に発案してください。

③ 質よりも量を重視する

ブレストの目的は、さまざまな角度から多様な意見を抽出することにあります。頭の中で十分に意見、アイデアを練り上げる前に、思いついたらどんどん意見を発言してください。

④ 意見を結合し、発展させることもOKとする

イノベーションの真の意味は「新結合」ですので、ブレスト中に出された意見を、それが他者の意見であれ、複数の意見を組み合わせて発展させた意見の発案も歓迎してください。意見を発展させるのであれば、他人の意見に便乗するのもOKとするのです。

以上のようなルールを守り、ブレストして、所属する組織の望ましい理想像、ありたい未来の姿を発言してください。

一通り、意見・アイデア出しが終わったら、組織の望ましい理想像を1つに絞るディスカッションをしてください。これには、組織内で比較的「統率性」「解決思考」「戦略性」「大局観」

という強みを持つ人がファシリテーターになって進めた方が円滑に議事が進むと思います。

このような組織の望ましい理想像を目標として決める段階は、時間を要しますが、性急に目標を設定するようなことは避けてください。

⑺ 組織の望ましい理想像に到達するために活用する強みと成功要因を選ぶ

組織の望ましい理想像を目標に設定したら、それを達成するための戦略を立てる段階に入ります。その段階では、先に整理した個々の強みと成功要因の模造紙を出し、それをもとに、活用する強みと活用する成功要因を選び出してください。この選び出しもブレストで行ってください。

ブレストによって、活用する強みと活用する成功要因を選び出したら、それらを活用する優先順位や実行担当者を組織内でディスカッションし、戦略の実行計画を詰めてください。

⑻ 望ましい理想像のイメージを定着化させる

組織の望ましい理想像、実現するために活用する強みや成功要因の選定、強みや成功要因の優先順位が決まったら、後は組織で戦略を実行するのみになります。

実行する前に、組織全体で望ましい理想像を定着させてください。それには、以下の４つの方法をお奨めします。

①戦略を実行に移す前に、組織内で、理想像を実現した様子を表現した寸劇を演じる。

②戦略を実行に移す前に、組織内のメンバー同士で、実現した達成感と他者への感謝の気持ち、実現した成功要因をヒーローインタビュー形式で発表し合う。

③活用する強みや成功要因、それらを活用する優先順位を盛り込んだ宣言文をつくり、毎日、組織で宣言する（アファメーション）。

④強みを活用している様子や実現した理想像を描いた絵やコラージュを作成し、部屋の壁に貼るか、組織内で共有を図る。

いずれの方法も、組織のメンバー全体に、望ましい理想像、組織の強みと戦略の共有を図るのに有効です。これによって、組織の個々のメンバーの脳内に、理想像を実現し、成功したセルフイメージを強くアンカリングさせます。

以上、組織の将来ありたい理想像を目標に設定し、実現する戦略を立てる方法をまとめますと、次の手順になります。

⑤メンバー個々の強み、成功要因を共有し、整理する。
⇩
⑥組織の望ましい理想像、ありたい未来の姿をブレストしたのち、絞り込む。
⇩
⑦組織の望ましい理想像に到達するために活用する強みと成功要因を選ぶ。
⇩
⑧望ましい理想像のイメージを定着化させる。

参考文献

『世界でひとつだけの幸せ』（マーティン・セリグマン著）
『さあ、才能に目覚めよう』（マーカス・バッキンガム、ドナルド・O・クリフトン著）
『ポジティブ心理学が1冊でわかる本』（イローナ・ボニウェル著）
『ある日突然40億円の借金を背負う――それでも人生はなんとかなる。』（湯澤剛著）
『愛するということ』（エーリッヒ・フロム著）
『個人心理学講義』（アルフレッド・アドラー著）
『幸せがずっと続く12の行動習慣』（ソニア・リュボミアスキー著）
『卒アル写真で将来はわかる 予知の心理学』（マシュー・ハーテンステイン著）
『アファメーション』（ルー・タイス著）
『『勇気』の科学～一歩踏み出すための集中講義』（ロバート・ビスワス＝ディーナー著）
『本当にわかる心理学』（植木理恵著）
『現代の経営』（ピーター・F・ドラッカー著）
『ポジティブな人だけがうまくいく3：1の法則』（バーバラ・フレドリクソン著）
『ポジティブ心理学入門』（クリストファー・ピーターソン著）
『メンタル・タフネス――はたらく人の折れない心の育て方』（下野淳子著）

■著者紹介

松岡　孝敬（まつおか・たかのり）

株式会社ポジティビティ代表取締役　一般社団法人日本組織開発推進協会設立理事

鹿児島大学理学部生物学科卒業　神戸大学大学院理学研究科生物学専攻　名古屋商科大学大学院（ＮＵＣＢ）にて経営学修士（ＭＢＡ）を取得

レジリエンス・トレーナー、強みを開発するビジネスコーチ・コンサルタント、実践書作家。今日もどこかで人と組織のレジリエンスを強化し、強みを開発し、幸福度を高める原稿を書き続けている。

人と組織を活性化させる46の強みの活用術

二〇一八年一二月二五日　初版第一刷発行

■著　者――松岡孝敬
■発行者――佐藤　守
■発行所――株式会社大学教育出版
〒七〇〇－〇九五三　岡山市南区西市八五五－四
電　話（〇八六）二四四－一二六八㈹
ＦＡＸ（〇八六）二四六－〇二九四
■印刷製本――モリモト印刷㈱
■ＤＴＰ――林　雅子

ISBN978－4－86429－991－6